期货投资者教育系列丛书

花 生 期 货

中国期货业协会 编

中国财经出版传媒集团
中国财政经济出版社

图书在版编目（CIP）数据

花生期货／中国期货业协会编．——北京：中国财政经济出版社，2021.12
（期货投资者教育系列丛书）
ISBN 978-7-5223-0967-5

Ⅰ.①花… Ⅱ.①中… Ⅲ.①花生-期货交易-基本知识 Ⅳ.①F830.9

中国版本图书馆 CIP 数据核字（2021）第 240712 号

责任编辑：郭爱春　　　　责任校对：胡永立
封面设计：王　颖　　　　责任印制：刘春年

花生期货
HUASHENGQIHUO
中国财政经济出版社 出版

URL：http：//www.cfeph.cn
E-mail：cfeph@cfeph.cn

（版权所有　翻印必究）

社址：北京市海淀区阜成路甲 28 号　邮政编码：100142
营销中心电话：010-88191522
天猫网店：中国财政经济出版社旗舰店
　网址：https：//zgczjjcbs.tmall.com
北京时捷印刷有限公司印刷　各地新华书店经销
成品尺寸：170mm×230mm　16 开　12.75 印张　200 000 字
2021 年 12 月第 1 版　2021 年 12 月北京第 1 次印刷
定价：35.00 元
ISBN 978-7-5223-0967-5
（图书出现印装问题，本社负责调换，电话：010-88190548）
本社质量投诉电话：010-88190744
打击盗版举报热线：010-88191661　QQ：2242791300

《期货投资者教育系列丛书》编委会

编委会主任：洪 磊

编委会委员：王明伟　张晓轩　陈东升　吴亚军
　　　　　　王　颖　冉　丽　孙明福

主　　编：洪 磊

执行编委：董文旭　刘方媛

编撰人员：李　娜　刘四奎　刘培洋　陈昱允
　　　　　　王　伟　王朝瑞　彭博涵　邵亚男
　　　　　　李松政

前 言

我国期货市场经过30年发展,经历了从无到有、从小到大、从乱到治,走出了一条独具特色的道路,取得了令人瞩目的成就。30年来,期货市场的规则体系不断完善,品种创新有序推进,风险管理工具进一步丰富,对外开放进程明显加快。期货市场的规模稳步扩大,市场投资者结构逐步优化,资产管理和风险管理等创新业务探索取得了初步成效。期货市场整体运行质量和效率不断提高,价格发现和风险管理的基础功能得到发挥,在优化资源配置,促进产业升级,助力脱贫攻坚和维护国家经济金融安全等方面发挥着越来越重要的作用。

随着我国期货市场规模的不断发展壮大,新的市场参与者特别是个人投资者数量呈持续上升趋势。投资者是期货市场的重要主体,期货市场的发展离不开投资者的积极参与。中小投资者是我国现阶段资本市场的主要参与群体,但处于信息弱势地位,抗风险能力和自我保护能力较弱,合法权益容易受到侵害。维护中小投资者合法权益是证券期货监管工作的重中之重,关系广大人民群众的切身利益,是资本市场持续健康发展的基础。因此,当前我国期货市场正处于快速发展时期,做好投资者教育工作意义深远。

2013年,《国务院办公厅关于进一步加强资本市场中小投资者合法权益保护工作的意见》(以下简称《意见》)发布,指出要强化中小投资者教育,加大普及证券期货知识力度。为此,应将投资者教育逐步纳入国民教育体系,有条件的地区可以先行试点,充分发挥媒体的舆论引导和宣传教育功能。证券期货经营机构应当承担各项产品和服务的投资者教育义务,保障费用支出和人员配备，将投资者教育纳入各业务环节，提高投资者风险防范意识。自律组织应当强化投资者教育功能，健全会员投资者教育服务自律规则。中小投资者应当树立理性投资意识，依法行使权利和履行义务，养成良好投资习惯，不听信传言，不盲目跟风，提高风险防范意识和自我保护能力。2019年3月，中国证监会、教育部联合印发了《关于加强证券期货知识普及教育的合作备忘录》（以下简称《合作备忘录》），旨在学校教育中大力普及证券期货知识，推动全社会树立理性投资意识，提升国民投资理财素质，维护社会和谐稳定。

随着《意见》的深入贯彻和落实，我国中小投资者保护工作取得了积极成效，围绕投资者教育工作，期货市场的监管部门、自律组织与中介机构都深入进行了大量形式多样、内容丰富、卓有成效的工作。由中国期货业协会组织编写的《期货投资者教育系列丛书》，就是协会按照中国证监会的统一部署，贯彻落实期货投资者教育工作的重要措施之一，也是协会积极响应《合作备忘录》要求，推动期货知识进校园、进课堂、纳入国民教育体系的切入点。本丛书是为期货投资者编写的一套普及性读物，以广大普通投资者为服务对象，兼顾了专业机构的需求，采取简单明了的问答体例，在语言上力争做到深入浅出、通俗易懂、可读性强。衷心地希望本丛书的出版能够为期货投资者了解期货市场、树立风险意识、理性参与期货交易提供有益的帮助。

在此，我们对所有在本丛书编写和出版过程中付出辛勤劳动的朋友表示衷心感谢。由于编写时间紧迫，书中错误和疏漏在所难免，恳请读者批评指正。

中国期货业协会

2021年11月

目 录

第一章　了解花生　/ 1
　　一、你了解花生吗？/ 2
　　二、你知道花生在哪些地区种植吗？/ 7
　　三、你了解花生的种植周期吗？/ 14
　　四、你知道常见的花生类产品有哪些吗？/ 16
　　自测题 / 21

第二章　了解期货合约　/ 24
　　一、你了解花生期货合约规则吗？/ 25
　　二、花生期货合约交割月份设置是基于哪些考虑？/ 26
　　三、哪些人可以参与花生期货？/ 27
　　自测题 / 30

第三章　企业如何参与花生期货　/ 32
　　一、现货市场与期货市场有什么联系？/ 32
　　二、基差在套期保值中有哪些作用？/ 33
　　三、为什么企业要参与期货套期保值？/ 34
　　四、哪些企业可以参与期货套期保值，他们在期货市场中的操作
　　　　方式一样吗？/ 36
　　五、企业进行套期保值前需要做哪些准备工作？/ 36

六、企业参与期货市场应注意什么？ / 38

七、企业在提高套期保值的效果方面有什么可以借鉴的？ / 38

八、为什么套期保值交易中要严格控制投机问题？ / 41

九、企业如何运用期货市场来指导现货经营？ / 44

十、生产型或贸易型企业如何进行套期保值？ / 45

十一、怎么做花生跨市场套利？ / 48

自测题 / 49

第四章 企业如何进行实物交割 / 51

一、你了解实物交割吗？ / 51

二、期货交易与现货交易有何区别？ / 52

三、什么样的现货能交割？ / 55

四、花生期货的交割方式有哪些？流程分别是怎样的？ / 57

五、标准仓单是如何生成的？ / 60

六、标准仓单可以流通吗？如何流通？ / 61

七、标准仓单如何注销提货？ / 62

八、生成后的标准仓单有有效期吗？到期仓单如何处理？ / 63

九、交割费用都有哪些？ / 64

十、用于交割的花生要提供哪些标识和证明？ / 65

十一、为什么要进行厂库交割？ / 65

十二、厂库交割时，货主如何监督出库商品的数量和质量？ / 66

十三、交易所对交割争议是如何处理的？ / 66

十四、交易所对交割违约的处理是如何规定的？ / 67

自测题 / 68

第五章 普通投资者如何参与花生期货 / 72

一、花生期货市场上有哪些投资者？ / 72

二、如何把握期货市场的机会？ / 74

三、如何增强普通投资者交易成功的效果？ / 76

四、花生期货的套利方式有哪些？ / 79
五、农户如何利用期货市场稳定收入？ / 80
六、农民如何把订单与期货有效结合起来？ / 82
七、农户与普通投资者参与期货市场的区别？ / 83
八、普通投资者能否参与花生期货的实物交割？ / 84
自测题 / 86

第六章　供求状况 / 87

一、世界花生产量中各国占多少份额？ / 87
二、花生主产国的生产状况如何？ / 91
三、世界花生主要消费国的用量及分布如何？ / 101
四、世界花生贸易都集中在哪些地区？ / 105
五、世界花生与中国花生在消费结构上有何不同？ / 118
六、你了解中国花生供应量与消费量吗？ / 124
七、中国花生油需求量是多少？ / 129
八、中国花生食品需求量是多少？ / 133
九、中国花生粕市场的供应和消费状况如何？ / 134
十、谁能替代花生油与花生粕？ / 137
十一、中国花生及其产品进出口的特点有哪些？ / 141
自测题 / 144

第七章　如何判断价格的趋势 / 147

一、供求关系为什么是决定价格的关键因素？ / 147
二、如何看待花生生长周期对价格的影响？ / 150
三、季节性供求对价格有什么影响？ / 150
四、花生种植成本是如何计算的？ / 151
五、相关农产品的走势对花生期货的影响？ / 152
六、政策变化对花生价格走势影响大吗？ / 153
七、如何看待花生价格对花生油、花生粕成本的形成？ / 154

八、经济形势如何影响农产品价格？／155

九、花生油、花生粕的需求能决定花生的价格吗？／156

十、原油、黄金等大宗商品对花生价格的影响大吗？／157

十一、航运价格变化如何影响花生期货价格？／158

十二、汇率变化对花生价格有什么影响？／159

十三、花生的基本面分析与技术分析如何结合运用？／159

自测题／161

第八章　如何应对期货市场的风险　／164

一、期货市场的风险来自哪里？／164

二、期货市场的风险有哪些？／165

三、郑州商品交易所对花生期货风险控制的原则／166

四、花生期货的风险控制制度有哪些？／167

五、参与花生期货时保证金比例一直不变吗？／170

六、花生期货为什么要设置涨跌停板？／171

七、怎样才能避免被强行平仓？／172

八、什么是止损？如何设置止损？／172

九、如何控制仓位大小？／174

自测题／175

第九章　花生产业发展状况　／178

一、花生压榨工艺有哪些？／178

二、花生压榨利润及其生产成本如何计算？／181

三、国内外花生政策有何不同？／182

四、中国花生产业目前面临哪些问题？／186

五、如何保护和发展中国花生产业？／187

六、国内花生主要压榨区域分布在哪些地方？／189

自测题／190

后记　／193

第一章

了解花生

> **本章要点**
>
> 本章主要介绍花生的属性、生长周期及特点、产品分类以及我国花生的种植区域等,为投资者进行花生期货操作做准备。通过本章的介绍,能够让投资者对花生有一个初步的了解,有利于更好地分析及进行期货的投资。
>
> 你能猜出下面这个谜语的答案吗?
>
> "麻布衣裳白夹里,大红衬衫裹身体。白白胖胖一身油,建设国家出力气。"
>
> 谜底就是花生。你知道吗?花生也叫金果、长寿果、长果、番豆、金果花生、无花果、地果、地豆、唐人豆、花生豆、落花生。花生滋养补益,有助于延年益寿,所以民间又称之为"长生果",并且和黄豆一同被誉为"植物肉""素中之荤"。花生为豆科作物,是优质食用油主要油料品种之一,也可用于制皂和生发油等化妆品的原料。在了解花生期货之前,让我们先了解一下花生。

（一）花生的自然属性

花生，学名 Arachis Hypogasa，中国、早年和日本称其落花生。花生是被子植物门、双子叶植物纲、豆目、豆科、蝶形花亚科，落花生属于一年生草本植物。

花生为圆锥根系，入土可达 2 米。根上生着直径 1—3 毫米的豇豆族根瘤菌。主茎直立，绿色，中上部呈棱角状，中空。主茎高度因品种和栽培条件而异，高的可达 1 米以上。叶互生，为 4 小叶偶数羽状复叶，有叶柄和托叶。

花生的花序属于总状花序，每个花序一般可生长 4—7 朵花。雄蕊 10 个，2 个退化，8 个具有花药。柱头羽毛状，子房基部有子房柄，受精后一群能分生的细胞迅速分裂，约经 3—6 天伸长形成绿色带紫的棍状物，称果针。果针伸长后向地下生长，将子房送入土中。子房向水平方向生长发育而形成荚果。

花生荚果果壳坚硬，每个荚果有 2—6 粒籽仁（种子），以 2 粒居多，多呈普通型、斧头型、葫芦型或茧形。每荚 3 粒以上籽仁的荚果多呈曲棍形或串珠型。百粒一般重 50—200 克。籽仁三角形、桃形、圆柱形或椭圆形。种皮有白、粉红、红、红褐、紫、红白或紫白相间等不同颜色。

（二）花生的分类

花生品种繁多，有据可查的有 540 种，优良品种有 30 种，现货流通中，一般可按生育期长短、荚果大小、特征特性和植物学性加以区分。

1. 按果实成熟期分类（见图 1-1）

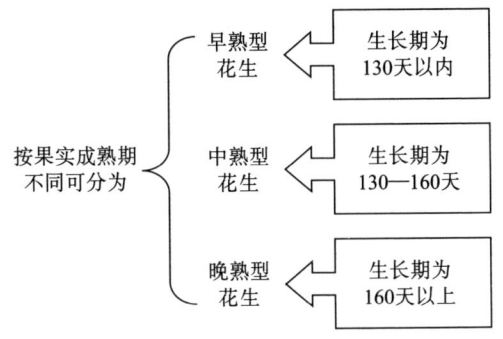

图 1-1　花生按果实成熟期分类

2. 按荚果大小分类（见图 1-2）

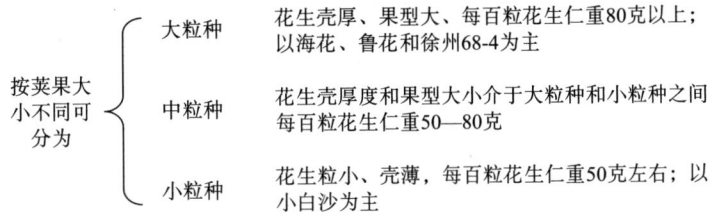

图 1-2　花生按荚果大小分类

3. 按特征特性和植物学型分类（见图 1-3）

（三）花生的种植历史

关于花生的起源，目前世界上公认：花生原产南美洲热带地区，但国内已有不少报道，用大量的资料和文物佐证，认为我国也是花生的起源地之一。

目前花生种植主要分布在南纬 40°至北纬 40°之间的广大地区（见表 1-1）。主要集中在两类地区：一类是南亚和非洲的半干旱热带，另一类是东亚和美洲的温带半湿润季风带。世界上的花生基本分布于亚洲、非洲和美洲，其中亚洲种植面积超过世界种植总面积的 60%，非洲种植面积约占世界面积的 30%，亚洲、非洲、美洲共占世界种植面积的 99% 以上，欧洲和大洋洲仅零星种植。世界上的花生主产国有中国、印度、尼日利亚、美国、

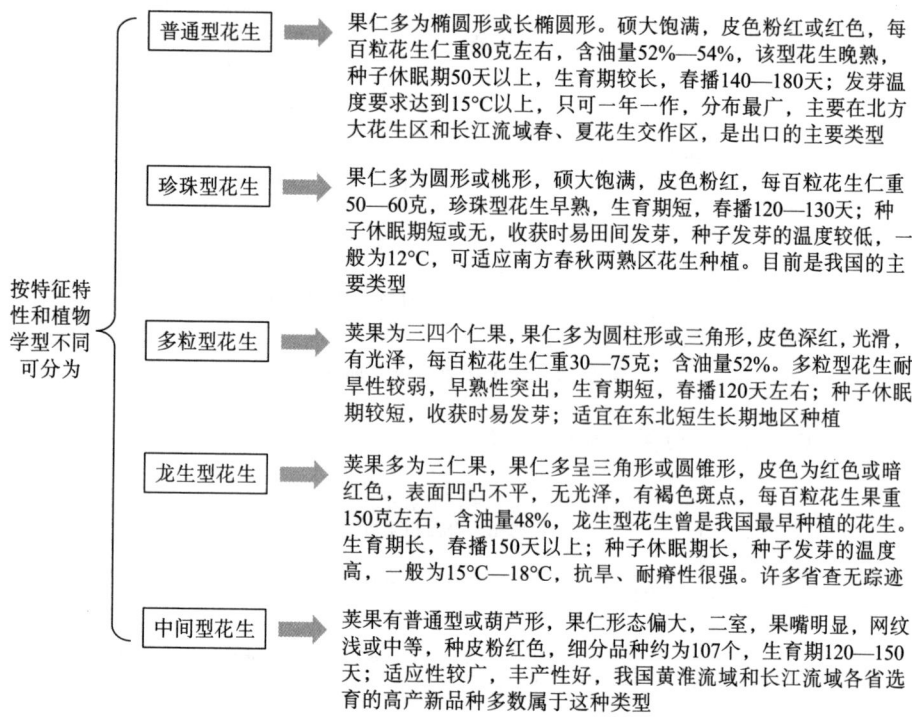

图1-3 不同品种花生示意图

苏丹、缅甸、塞内加尔、阿根廷、坦桑尼亚和印度尼西亚等。中国和印度的花生产量分列世界前两位。

表1-1 2020—2021年世界花生产量排名前十的国家

国家（地区）	产量（万吨）	占比（%）
全球	4917	—
中国	1820	37.0
印度	600	12.2
尼日利亚	440	8.9
美国	286.7	5.8
苏丹	250	5.1
缅甸	160	3.3
塞内加尔	155	3.2

续表

国家（地区）	产量（万吨）	占比（%）
阿根廷	140	2.8
坦桑尼亚	110	2.2
印度尼西亚	96	2.0

数据来源：美国农业部。

中国花生的分布非常广泛，南起海南岛，北到黑龙江，东至中国台湾地区，西达新疆，都有花生种植，但主要分布于山东、河北、河南、辽宁、江苏、福建、广东、广西、贵州、四川等地区。

我国花生种植产业可以长江流域为界，粗略分为南方小花生区、北方大花生区两大区。而进一步依据纬度高低和热量条件、地貌类型以及不同生态类型品种适宜气候的指标，我国花生种植区又可以细分为 7 个区 10 个亚区，分别是：黄淮流域花生区，长江流域春夏花生交作区，南方春秋两熟花生区，东北早熟花生区，云贵高原花生区，黄土高原花生区和西北内陆花生区。2020—2021 年中国花生种植面积以及产量排名前五位的省份见表 1-2。

表 1-2　2020—2021 年中国花生种植面积以及产量排名前五位的省份

省份	面积（万公顷）	产量（万吨）
河南	113.663	494.43
山东	64.6574	255.395
河北	29.342	120.5
辽宁	28.868	82.1
吉林	23.975	75.16

数据来源：卓创资讯。

（四）花生的营养价值

1. 花生仁的营养成分

花生仁营养丰富，有补脾润肺、补中益气、开胃醒脾的功效，又有强身健脑、驻颜延年之用，故又称"长生果"。花生富含蛋白质、维生素、矿物质，以及人体必需的氨基酸，对人类的膳食营养具有重要的意义（见表 1-3）。

表 1-3　　　　　　　　　花生仁的营养素含量

每 100g 食物营养值	花生仁（生）
热量	563kcl
碳水化合物	16.2g
脂肪	44.3g
蛋白质	24.8g
维生素	
维生素 A	5μg
硫胺（维生素 B_1）	0.72mg
核黄素（维生素 B_2）	0.13mg
烟酸（维生素 B_3）	17.9mg
维生素 C	2mg
维生素 E	18.09mg
膳食矿物质	
钙	39mg
铁	2.1mg
镁	178mg
磷	324mg
钾	587mg
钠	3.6mg
锰	1.25mg
铜	0.95mg
硒	3.94mg
锌	2.5mg
其他成分	
视黄醇当量	6.9μg
膳食纤维	5.5g
胡萝卜素	2.3μg

数据来源：食品伙伴网数据库。

2. 花生仁其他部分的营养成分

种皮：花生种皮主要化学组成是纤维素、脂肪、蛋白质和灰分等。花生种皮含有约7%的丹宁和多种色素,其味苦涩,具有止血的功效。

果壳:花生果壳的粗纤维含量高,经过发酵和化学处理后,适合用作饲料。花生果壳还可以用来培养食用菌、制造纤维板以及酱油、化工产品和提取药物等。如果通过精细加工,可制成食用纤维等。

茎叶:花生茎叶中的营养物质比较丰富,是一种良好的家畜饲料。

二、你知道花生在哪些地区种植吗?

花生的种植遍及全球,其中亚洲、非洲和美洲的花生种植面积位居全球前列(见图1-4)。中国是目前世界上最大的花生生产国,印度、尼日利亚,产量分别位居世界第二、第三位。其中,56%左右的花生产量集中在中国、印度和尼日利亚。

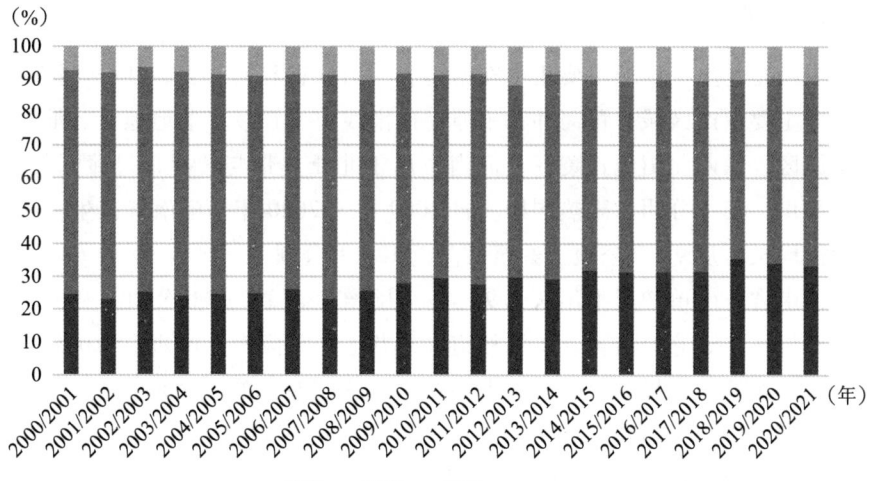

图1-4 2000年以来三大洲花生产量占比

数据来源:美国农业部。

2020—2021年全球各区域花生种植面积比例情况见图1-5。

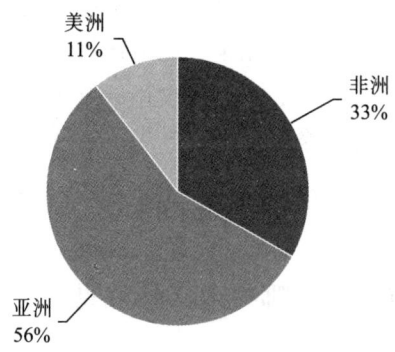

图1-5　2020—2021年全球各区域花生种植面积比例

数据来源：美国农业部。

中国是全球最大的花生进口国之一，也是花生产量最高的生产国之一。根据中国花生气候区划，除了热量光照不足的高海拔、高纬度地区以外，一般均有花生的种植。

（一）河南省

中国花生生产区域主要集中在河南省、山东省和河北省。其中，河南省的花生主要生产区域有黄河冲积平原、豫南浅山、丘陵、盆地地区、淮北豫中平原区、豫西北山地丘陵区。河南省属于北亚热带与暖温带过渡区气候，地势平坦，四季分明，雨热同期。自2009年至2020年，河南省花生种植面积快速增长，从98万公顷上升至目前近120万公顷。

河南省花生单产近十年从2.98吨/公顷增加到3.23吨/公顷。从河南省区域分析，主要分为沿黄及黄河故道大果花生区和豫南、豫西南的优质小果花生区。相较于小果花生而言，大果花生口感较差，单位含油率高，因而多用于榨油。2020—2021年河南省花生产量情况见图1-6。

河南省的大果花生主产区主要集中在开封市、商丘市、新乡市、安阳市、濮阳市及焦作市等地市，上述六市花生产量为109万吨，占河南省总产量的29.2%。

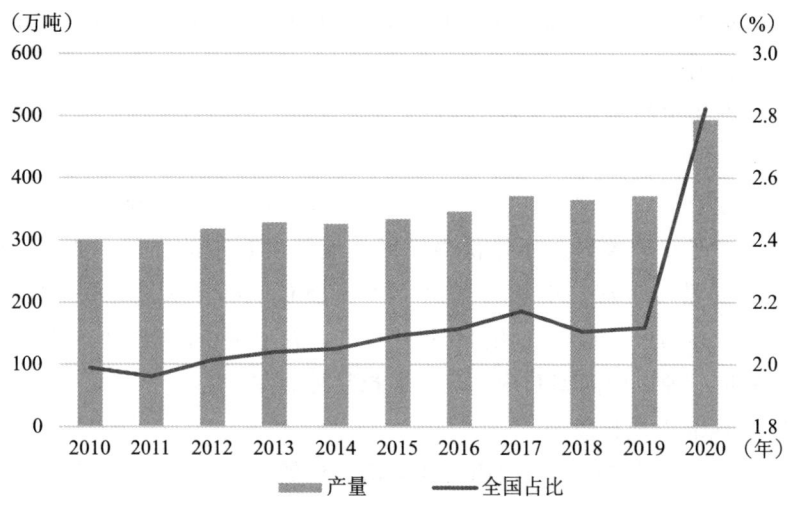

图1-6 2020—2021年河南省花生产量

数据来源：卓创资讯。

河南省花生主要分布于黄河冲积平原区、豫南浅山丘陵盆地区、淮北豫中平原区、豫西北山地丘陵区。种植花生的土壤主要为河流冲积砂土及丘陵砂砾土。河南省地处暖温带向亚热带的过渡区，气候温和，光热条件充足。年平均气温13℃—15℃，平均气温≥10℃的积温4200℃—5300℃，无霜期190—230天，年平均降水量500—900毫米，4—10月份花生生育期间的降水量占年降水量的80%—90%，年生理辐射总量为230—260 kJ/cm²，栽培制度多为一年两熟制，部分两年三熟制，麦套和夏直播花生占花生总面积的80%以上，种植品种主要为中间型大花生，部分珍珠豆型小花生。

1. 黄河冲积平原区

黄河冲积平原区位于黄、淮、海大平原西部，豫北沿黄河及其故道平原，黄河以南、京广铁路以东、沙颍河以北的广大平原。包括安阳市、新乡市、开封市、商丘市、周口市、许昌市5个市（地）的30多个县（市）的全部和一部分。土质多为黄河泛滥冲积形成的砂土及砂壤土，土层深厚，但肥力较低；PH6—PH7，地下水位较高，易受旱涝灾害；主要种植中间型品种。

2. 豫南浅山、丘陵、盆地区

豫南浅山、丘陵、盆地区包括淮南和南阳盆地。属于北亚热带的最北部，气候温和，雨量充沛，年平均气温15℃左右，降水量800—1200mm。土质主要为河流冲积土、浅山丘陵砂砾土及部分砂姜黑土和少量水稻土。种植品种主要为中间型和珍珠豆型。

3. 淮北豫中平原区

淮北豫中平原区位于淮河以北、长葛、许昌至西华清流河以南，经郸城、鹿邑东至安徽省界，西接伏牛山区。地处温暖带的南部，亚热带的北缘。水热资源较丰富，年平均气温14℃—15℃，年降水量800—1000mm。土质多为砂姜黑土，自20世纪80年代以来，花生种植面积增加较快，产量较高。种植品种以中间型和珍珠豆型中粒品种为主。

4. 豫西北山地丘陵区

豫西北山地丘陵区位于河南省西北部，包括伏牛山南、北麓浅山丘陵地带，太行山及山前京广铁路附近地带。年平均气温12.1℃—15℃，年降水量500—4700mm。种植花生的土壤多为丘陵砂砾土，部分为平原砂土或砂壤土。种植品种多为中间型。

河南省部分地区花生产量分布见图1-7。

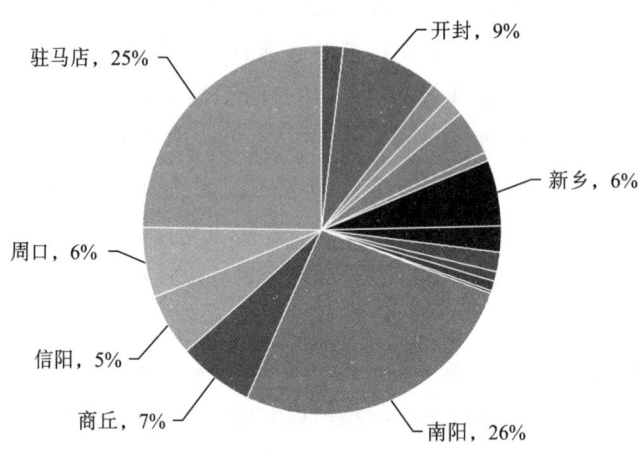

图1-7 河南省花生产量分布

数据来源：万得数据库。

(二) 山东省

花生种植遍及山东全省,主要分布于胶东丘陵、鲁中南山区和鲁西以及鲁北平原区。种植的花生土壤多为花岗岩和片麻岩风化而成的粗砂和砂砾土及河流冲积的砂土。种植品种方面,由于山东地区油脂压榨企业集中,为满足油厂需求,山东省主要种植大花生。2010—2020 年山东省花生产量情况见图 1-8。

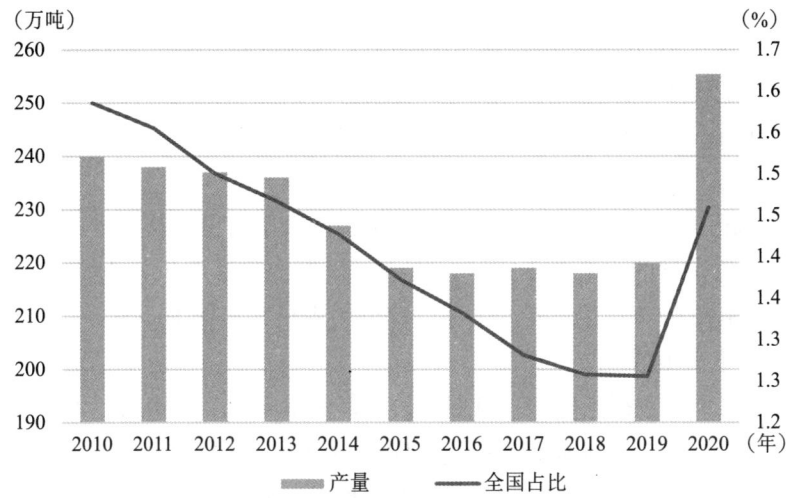

图 1-8 2010—2020 年山东省花生产量

数据来源:卓创资讯。

山东省土壤类型主要有潮土、棕壤、褐土、砂姜黑土和盐土,其中潮土约占耕地总面积的 39.5%,棕壤约占 29.2%,褐土约占 21.2%,砂姜黑土约占 4.5%,盐土约占 3.9%。除盐土外,其余土壤类型均有花生栽培,适于种植花生的耕地约有 240 万公顷。全省土壤养分状况大体是有机质含量偏低,氮素不足,严重缺磷,微量元素缺乏。花生田养分更趋偏低。

7 月份,日平均温度多在 24℃—26℃,胶东半岛东部最热月份出现在 8 月。全省年平均降水量在 550—950mm,绝对变率全省各地均在 100mm 以上。主要花生产区县(市)花生生育期间年平均降水量多在 500—700mm,但分布很不均匀,季、月相对变率很大,旱涝现象时有发生。降水一般春季

（3—5月份）偏少，降水量为50—120mm；夏季（6—8月份）偏多，降水量为300—600mm；9月份的降水量时多时少，平均降水量为80mm以上。全省光照充足，年日照时数为2300—2900时，年日照百分率为50%—65%。年太阳辐射总量在481—544MJ/m²，花生生长季节的太阳总辐射量以5—6月份最高，为54—67MJ/m²，7—8月份为42—58.6MJ/m²，9月份为42MJ/m²。年平均气温≥15℃期间的生理辐射为117—150kJ/cm。

山东省栽培的花生品种20世纪50年代以普通型大花生为主，20世纪六七十年代以珍珠豆型品种为主，20世纪80年代以来以中间型大花生为主，部分为普通型品种和珍珠豆型品种。栽培制度60%为两年三熟制，40%为一年两熟制。

根据山东省的自然条件及花生分布情况，花生集中分布于三个产区：

1. 胶东丘陵区

胶东丘陵区主要包括青岛市、烟台市、威海市的全部及潍坊市的部分县（市），为山东省的主要花生产区，栽培面积占全省总面积的40%，产量占全省总产量的42%。以春花生为主，部分为麦田套作花生。

2. 鲁中南山区

鲁中南山区包括临沂市、日照市的全部和泰安市、济宁市、淄博市、济南市的部分地区，栽培面积和产量均占全省总面积和总产量的30%左右。种植花生的土壤类型比较复杂，既有山岭梯田、河床砂地，也有风砂地。以春花生为主，部分麦田套作和夏直播花生。

3. 鲁西、鲁北黄河砂土区

鲁西、鲁北黄河砂土区包括聊城市、菏泽市、德州市、济南市、滨州市（地）的全部及淄博市、济宁市、枣庄市的部分地区，种植花生的县（市）主要有莘县、冠县、阳谷、鄄城、单县、巨野、东明、曹县、东昌府区、惠民、阳信、齐河、高青等。栽培制度多为一年两熟制，以麦田套作花生和夏直播花生种植为主。

（三）河北省

河北省花生生产区可以分为冀东区、冀中区和冀南区，冀东区以滦河沿岸的迁安、滦县等地区种植历史悠久，面积较大；冀中、冀南区的花生产地则主要包括石家庄市、沧州市、衡水市、邢台市、保定市（地）及黄河沿岸的砂土地。

2010—2021年河北省花生产量情况见图1-9。

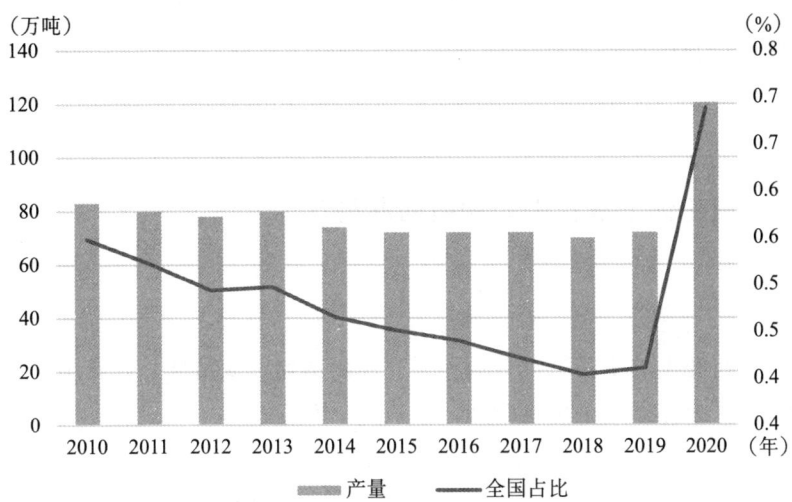

图1-9 2010—2020年河北省花生产量

数据来源：卓创资讯。

花生主要集中在冀东、冀中和冀南一带，其他地区只有零星种植。河北省花生产区的年平均气温在11℃—14℃，无霜期200天左右。年降水量400—800mm，东部沿海较多，西北部较少，雨量多集中在7—8月份，约占全部降水量的50%。种植花生的土壤以河流冲积砂土和砂壤土为主，少量丘陵为砂砾土。栽培制度多为两年三熟制，部分一年两熟制，少量一年一熟制。花生以春播为主，部分为麦田套作。种植品种多为中间型或普通型中、早熟大粒品种，少量珍珠豆型中粒品种。

1. 冀东区

冀东区包括唐山市、廊坊市、秦皇岛市的全部，以滦河沿岸的迁安、滦县等地区种植历史悠久，面积较大。年平均气温11℃左右。种植花生的土壤主要为平原砂土，土壤瘠薄，肥力较低。栽培制度多为一年一熟或两年三熟制，以春花生为主，近年来麦田套作花生及带状轮作方式发展较快。

2. 冀中、冀南区

冀中、冀南区包括石家庄市、沧州市、衡水市、邢台市、保定市（地）及黄河沿岸的砂土地。年平均气温12℃以上。种植花生的土壤多为较肥沃的砂壤土和壤土，少量黄河泛滥冲积形成的砂土。栽培制度多为两年三熟制，以麦田套作花生为主。

三、你了解花生的种植周期吗？

一般将花生的生长阶段分为种子发芽出苗期、幼苗期、开花下针期、结荚期、饱果成熟期五个生育时期（见图1-10）。

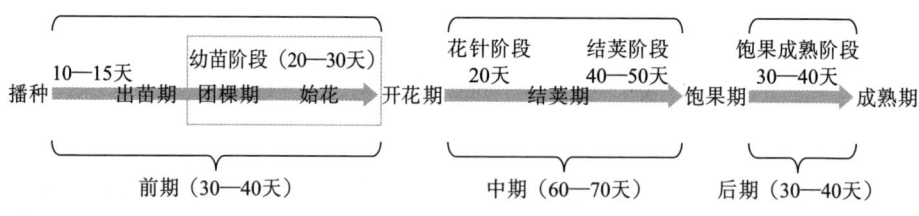

图1-10　花生生长过程

（一）种子发芽出苗期

播种时最适宜土壤含水量为田间持水量的60%—70%。花生从播种到50%的幼苗出土并展开第一片真叶为种子发芽出苗期。在正常年份，淮北地区春播早熟品种需10—15天；中晚熟品种需12—18天；夏播花生只需5—10天。种子发芽的最低温度为12℃—15℃，最适温度为25℃—37℃。

（二）幼苗期

花生从50%的种子出苗到50%的植株第一朵花开放，称为幼苗期，又简称苗期。这是侧枝分生、根系伸长扩展和花芽分化的主要时期。苗期的长短,因品种和生长的环境条件不同而有差异。一般年份春播花生幼苗期约需25—35天,夏播花生约需20—25天。苗期若遇低温和多湿条件,容易引起死苗。若遇干旱,明显影响植株的正常生长和花芽分花,干旱可控制植株的生长和延迟开花。

(三) 开花下针期

花生从50%的植株开始开花到50%的植株出现鸡头状的幼果称为开花下针期。此期是花生植株大量开花、下针、营养生长迅速的时期,开花期温度以23℃—28℃为宜。花生为短日照农作物,多数品种对日照长度反应不敏感,光照的强弱对花生生长发育影响较大,充足的光照是保证花早、花多的重要条件。早熟品种需20—25天,中晚熟品种需25—30天。开花下针到结荚阶段,是花生一生需水量多、对水分敏感的时期,以土壤含水量为田间持水量的60%—70%为宜。但是土壤水分过多也会对花生生长发育产生不利,当土壤含水量达到土壤最大持水量的80%以上时,又会造成植株的旺长,开花量减少。

(四) 结荚期

花生从50%植株出现鸡头状幼果到50%植株出现饱果称为结荚期。早熟品种需40—45天,中晚熟品种需45—50天。这一时期大批果针下扎入土并发育成荚果。结荚期土壤水分过多或过少,都会对荚果的发育产生不利的影响,所以此期要特别注意做好排涝降渍和抗旱浇水工作。

(五) 饱果成熟期

花生从50%的植株现出饱果到荚果饱满成熟收获,称饱果成熟期或称饱果期。这一时期地上部分生长逐渐衰退、停止,地下部分荚果充实膨大,是花生产量形成的关键时期。早熟品种为25—30天,中晚熟品种为35—40天。这一时期所形成的荚果产量约占荚果总产量的50%—70%。

花生是较为耐旱的植物,一般在正常年份中不需要进行浇水管理。但是如果遇上极为干旱的天气,尤其是在开花下针期缺水,就要对花生进行科学并及时的灌溉。在开花下针期间,如果地表0—30厘米处的土壤含水量低于土壤正常含水量的一半时,就要及时对花生进行灌溉。在花生成熟期,此时对土壤的含水量要求较低,如果此时的土壤含水量大于土壤正常含水量的2/5时,要及时对土壤进行排水,以免造成花生烂果或者是发芽,造成花生减产。

 四、你知道常见的花生类产品有哪些吗?

花生按照使用途径可以分为食用的花生和榨油用的花生,两者的区别在于榨油用的花生油脂含量较高。食用的花生在我们日常生活中通常只需要简单的加工便可食用,也可以将其做成相关的花生制品,如创新的花生饮品、从花生中提取的植物蛋白、各种口味的花生酱、大量的含有花生仁的糖果以及利用花生制成的各种点心。榨油用的花生,顾名思义,其主要用途是榨取花生油。从花生中榨取的花生油,其主要用途是烹调用油。花生经过压榨除去油脂后,得到一种富含高蛋白的物质——花生粕。花生粕的主要成分是蛋白质和氨基酸,主要用于制作家畜家禽的食用饲料。此外,花生粕还可用于制作糕点食品、健康食品,也有少数地区将花生渣用作肥料。花生油在世界植物油生产和消费中占有重要地位。中国、印度、尼日利亚是主要的花生油生产国,而主要消费国是中国、法国、意大利和美国。

(一) 花生粕

花生粕是花生经过提取花生油后得到的一种副产品,花生粕主要由碎果仁组成,且还有一些种皮和外壳存在,破碎外壳表面有成束纤并成网状结构,外壳内层为不透明白色,质软且有光泽,含油滴。花生粕淡褐色或深褐色,有淡花生香味,形状为小块或粉状。花生粕的营养价值较高,其代谢能是粕类饲料中最高的,粗蛋白质含量接近大豆粕,高达48%以上,精氨酸含量高达5.2%,是所有动、植物饲料中最高的。赖氨酸含量只有大豆饼粕的50%左右,蛋氨酸、赖氨酸、苏氨酸含量都较低。花生粕营养成分含量随着粕中含壳量多少而有差异，含壳量越多，粕的粗蛋白质及有效能值越低。不脱壳花生榨油生产出的花生饼，粗纤维含量可达25%。花生加工主要有两种加工工艺，分别是物理榨油法和浸出榨油法。

物理榨油法是借助机械外力作用，将油脂从榨料中挤压出来的过程。在压榨过程中，主要发生的是物理变化，如物料变形、油脂分离、摩擦发热、水分蒸发。物理压榨的方法，也可以分为两种，一种是热榨，另一种是冷榨。热榨主要是热态蒸炒，带皮压榨的制油工艺。首先要先将原料在锅内热炒，然后再经过榨油机器进行榨油，这种工艺的优点是油香、出油率高，且剩余的残油较低；缺点是经过热榨后的原料在高温加工后，原料本身的生物活性降低，营养成分流失。而冷榨则减少了高温加热的工序，是靠物理机械巨大的压力将油脂从原料中分离出来后，经过多道物理过滤而成。它融合了现代的高科技过滤提纯等技术，具有整个生产过程无污染，产品天然营养不受破坏，减少了蒸、炒、浸出等加大出油率的工序，更大限度保留了原有的生物活性。

浸出榨油法是指用浸出制油工艺制成的植物油。浸出法制油工艺的理论依据是萃取原理，它于1843年起源于法国，是一种安全卫生、科学先进的制油工艺。工业发达国家用浸出法生产的油脂总产量的90%以上。浸出法制油的优点是粕饼中含残油少、出油率高、加工成本低、经济效益高，而且粕的质量高，饲养效果好。花生的浸出榨油法是用化学制油方法将油脂从原料中分离出来的油品。主要采用"六号"溶剂油（六号轻汽油）将原料充分"浸泡"，然后高温（300℃）提取而成。这种生产方法出油率高、成本低，但由于生产过程中受到化学溶剂（六号轻汽油）的污染，油脂本身也有溶剂残留，不易去除。

按照国家标准，花生粕分为三个等级，一级花生粕、二级花生粕和三级花生粕。三个等级花生粕流通量的变化主要与花生的品质有关。从不同等级花生粕的市场需求来看，大多数饲料厂目前主要使用二级花生粕，少数有实力的大型饲料厂使用一级花生粕，三级花生粕已经很少使用。

花生饼粕可用于饲喂猪、鸡等单胃动物及反刍家畜，适口性很好。但由于花生粕的氨基酸组成欠佳，同时易感染黄曲霉菌，所以饲用量受到一定限制。然而，花生粕即使感染黄曲霉菌，也可用氨处理去毒后饲喂反刍家畜

（此法对单胃动物无效）。通过添加合成氨基酸或是添加其他的蛋白质饲料而使氨基酸得到平衡，猪的生长性能也可达到理想水平。花生粕与花生饼相比，不仅蛋白质含量高、脂肪含量少，而且没有经过高温处理，蛋白质变性程度小，水分含量低，易于粉碎，是酿制酱油的理想原料。花生粕是改善膳食结构的蛋白质的良好来源，在小肠黏膜被机体吸收利用。因此，可以利用花生粕研制低肽食品，为通过普通饮食不能充分满足蛋白质需要的特殊人群（如运动员、婴幼儿及老年人等）补充蛋白质。同时，花生粕中的蛋白质在酶的催化下，可用于针对老年人市场的新型营养强化食品和营养补充食品。花生粕具有促进微生物生长发育和代谢之功能，能促进双歧杆菌的发酵，同时还能促进乳酸菌、霉菌及其他菌类的增殖，并具有促进面包酵母充气的作用。因此，花生粕发酵食品应用范围广泛，如生产酸奶、干酪、醋、酱油和发酵火腿等。同时，有效澄清则可用于生产酸性饮品、谷物营养饮品等，或者生产乳酸菌制剂（片剂、冲剂、口服液、胶囊）等。

（二）花生油

花生油是从花生中提取出来的油脂，密度大，油质浓，淡黄透明，色泽清亮，气味芬芳，滋味可口，是一种比较容易消化的食用油。

花生油的应用范围很广，人们很早就开始利用花生加工花生油。花生油的主要成分为不饱和脂肪酸，还含有甾醇、麦胚酚、磷脂、维生素 E、胆碱等对人体有益的物质。经常食用花生油，可以防止皮肤皱裂老化，保护血管壁，防止血栓形成，有助于预防动脉硬化和冠心病。花生油中的胆碱，还可改善人脑的记忆力，延缓脑功能衰退。花生油因其出色的味道以及相对便宜的价格为人们所喜爱。

烹饪用油是花生油消费的主要方式。用花生油进行烹饪，不仅菜肴味道鲜美，而且具有多种多样的营养功能。花生油含锌量是色拉油、粟米油、菜籽油、豆油的许多倍。虽然补锌的途径很多，但油脂是人们日常必需的补充物，所以食用花生油特别适宜大众补锌。而且花生油也含抗衰老成分，有延缓脑功能衰老的作用。花生油还具有健脾润肺、解积食、驱脏虫的功效。

(三) 食用的花生产品

1. 花生仁

花生仁营养丰富,有补脾润肺、补中益气、开胃醒脾的功效,又有强身健脑、驻颜延年之用,故又称"长生果"。花生富含蛋白质、维生素、矿物质,以及人体必需的氨基酸,对人类的膳食营养具有重要的意义。

2. 花生蛋白

花生蛋白是精选国内优质出口级花生仁为原料,运用低温制取花生蛋白及清香花生油工业化生产技术精制而成的一种无蛋白质热变性、营养价值较高的植物蛋白。其完整保留了花生中的营养成分,可溶性蛋白质及NSI值高,水溶性好,洁白,风味清淡,具有花生特有的清香气味,营养价值可与动物蛋白相比拟,富含大量的人体必需氨基酸、维生素、微量元素及矿物质,有效利用率达98%,且易为人体消化吸收并含有比大豆更少的抗营养因子,是低糖、低脂肪、不含胆固醇、高营养的天然营养品。

花生蛋白质含量丰富而且易被人体吸收,并含有人体必需的8种氨基酸,且比例适宜。花生是100多种食品的重要原料,除可以榨油外,还可以炒、炸、煮食,制成花生酥、糖果、糕点等。用脱脂或半脱脂的花生可加工成花生蛋白粉、组织蛋白、分离蛋白、浓缩蛋白,这些蛋白粉是食品工业的重要原料,既可直接用于制作烘焙食品,也可与其他动、植物蛋白混合制作肉制品、乳制品和糖果等。

3. 花生奶

花生奶是非常好的植物蛋白饮品,因为它是以优质花生和白糖为原料,采用先进工艺现做精制而成,不添加任何防腐剂,具有嫩肤养胃特点,是老少皆宜的保健饮品。花生蛋白质中含有丰富的人体必需的8种氨基酸。花生奶不含胆固醇,而亚油酸、花生四烯酸的含量却很高,经常饮用具有促进发育、维护健康的良好作用,所以,中国古代花生就有"长生果"之美誉。花生中含有很高的卵磷脂,卵磷脂在人体的新陈代谢中起着运载氧的重要作用,是一种高效的营养品,这就增强了花生奶的营养功能。

4. 花生肽

花生肽是利用定向酶切割技术,选择在花生蛋白中活性功能片断为酶解对象进行酶解反应。再采用修饰酶技术调整多肽的部分片断，使其具有营养成分高、风味独特的一种多肽。花生蛋白活性肽是由3—6个氨基酸组成的，分子量在130—5000 Dalton，主要在500—2000 Dalton 呈正态分布的低聚肽。其呈粉末状，无结块现象，无杂质，无异味，且有花生原有的淡淡的清香气味。具有良好的水溶性，持水性，能在PH2—PH10的条件下完全溶解。花生蛋白活性肽能与其他食品配料完全融合，并保持各有的物化营养特性。花生蛋白活性肽氨基酸组成均衡、全面，含人体必需的8种氨基酸，特别是谷氨酸和天门冬氨酸的含量较高，对促进人体脑细胞发育和增加记忆力都有良好的作用。花生氨基酸与人体氨基酸的组成非常相近，极易被人体吸收利用，而且不含胆固醇。具有易于消化吸收、恢复体力、增强免疫力、降低血压、促进脂肪代谢、保健养生等功效。花生作为优质食品来源，花生肽具有它特有的优势：

（1）营养价值高。含有人体必需的氨基酸，总氮高达14.8%，易被人体消化吸收。

（2）降低血浆胆固醇水平。有效降低血浆的总胆固醇，升高血浆高密度脂蛋白，作用优于花生油和花生仁。

（3）促进细胞发育，提高智力。花生蛋白中含有10多种人体所需的氨基酸，其中赖氨酸可以提高儿童智力，谷氨酸和天门冬氨酸可以促使细胞发育和增强大脑的记忆能力。

（4）抗老化，防早衰。由于花生肽在制备过程中采用了膜过滤和低温干燥等工艺，经检测花生肽中的白藜芦醇含量高于花生蛋白20%，因此，花生肽具有抗衰老、抗氧化的功能。花生肽中所含有的儿茶素、赖氨酸也对人体具有很强的抗老化作用。因此，经常食用花生肽，有益于人体延缓衰老。

（5）凝血、止血、滋血。花生蛋白活性肽保留了花生红衣，花生衣中含有使凝血时间缩短的物质，能对抗纤维蛋白溶解，可减轻出血、缩短凝血时间、促进骨髓造血机能、增加血小板的含量、改善血小板的质量、改善凝血因子的缺陷而不提高凝血因子水平、加强毛细血管的收缩机能，对出血及出血引起的贫血有明显疗效。花生衣的止血有效成分可以溶解于水，因此不仅可以止血，对人体造血功能有益，还对各种出血性疾病的原发病有一定疗效，可用于治疗血小板减少性紫癜、再生障碍性贫血、血友病及其他出血性疾患。此外，花生红衣还有生发、乌发的效果。中医认为"发者血之余"，脱发、白发是因为血亏，使发不得滋养所致。而花生红衣养血、补血，能使人的头发更加乌黑靓丽。

花生肽具有以下几大特点：

（1）不需消化，直接吸收。它表面有保护层让其免受人体的促酶、胃蛋白酶、胰酶、淀粉酶、消化酶及酸碱物质破坏，它得以完整的形式直接进入小肠，被小肠吸收，进入人体循环系统，发挥其功能。

（2）吸收特别快。吸收进入循环系统的时间如同静脉针注射一样，快速发挥作用。

（3）它具有100%吸收的特点，没有任何废物及排泄物，能被人体全部利用。

（4）主动吸收，迫使吸收。

（5）吸收时，不需耗费人体能量，不会增加胃肠功能负担。

（6）起载体作用。它可将各种营养物质运输送到人体各细胞、组织、器官。

（7）营养丰富，氨基酸与肽源营养充足，含人体所需要的各种氨基酸。达到FAO与WHO的推荐量。

（8）溶解性好，完全溶于水，稳定性好。

（9）含有比豆类物质更少的抗营养因子。

（10）口味好，生物活性高。

（11）通过对水分的调节来抑制微生物的生长。

自测题

一、不定项选择题

1. 根据花生的荚果和籽仁的形态、皮色等可分为（　　）。

A. 普通型花生　　　　　　　B. 多粒型花生

C. 珍珠豆型花生　　　　　　D. 大粒型花生

2. 花生的营养成分有（　　）等。

A. 蛋白质　　　　　　　　B. 钙离子

C. 铁离子　　　　　　　　D. 维生素 A

3. 我国花生种植产业可以长江流域为界，粗略分为（　　）。

A. 南方小花生区　　　　　B. 黄淮流域花生区

C. 长江流域春、夏花生交作区　D. 北方大花生区

4. 花生的生长阶段可分为（　　）和饱果成熟期生育时期。

A. 种子发芽出苗期　　　　B. 幼苗期

C. 开花下针期　　　　　　D. 结荚期

5. 以下国家中，生产花生最多的国家是（　　）。

A. 中国　　　　　　　　　B. 法国

C. 荷兰　　　　　　　　　D. 俄罗斯

6. 中国的花生生产主要集中在（　　）。

A. 山东省　　　　　　　　B. 河南省

C. 云南省　　　　　　　　D. 四川省

7. 河北省冀东区的主要花生产地有（　　）。

A. 迁安　　　　　　　　　B. 滦县

C. 石家庄　　　　　　　　D. 衡水

8. 花生种植面积最大的国家是（　　）。

A. 俄罗斯　　　　　　　　B. 印度

C. 美国　　　　　　　　　D. 中国

9. 按照国家标准，花生粕可分为（　　）等级。

A. 一级花生粕　　　　　　B. 二级花生粕

C. 三级花生粕　　　　　　D. 一般花生粕

10. 浸出榨油法于1843年起源于（　　）。

A. 英国　　　　　　　　　B. 美国

C. 法国　　　　　　　　　D. 日本

二、判断题

1. 花生的种植遍及全球，其中亚洲、非洲和美洲的花生种植面积位居

全球前列。	( )

2. 关于花生的起源，目前世界上公认花生原产北美洲热带地区。
	( )

3. 印度花生单位面积产量虽然低于世界平均水平，但却是世界花生种植面积最大的几个国家之一。	( )

4. 花生粕淡褐色或深褐色，有淡花生香味，形状为小块或粉状。
	( )

5. 花生加工主要有两种加工工艺，分别是物理榨油法和浸出榨油法。
	( )

6. 花生油是从花生中提取出来的油脂，密度大，油质浓，淡黄透明，色泽清亮，气味芬芳，滋味可口，是一种比较容易消化的食用油。(   )

7. 花生是一种产量丰富、食用广泛的油料作物，属蔷薇目，豆科半年生草本植物。	( )

8. 花生油的主要成分为不饱和脂肪酸，还含有甾醇、麦胚酚、磷脂、维生素E、胆碱等对人体有益的物质。	( )

9. 花生按播种期不同可分为春花生、夏花生和秋花生。	( )

10. 早熟型花生的生长期为120—130天。	( )

参考答案

一、不定项选择题

1. ABC 2. ABCD 3. AD 4. ABCD 5. A
6. AB   7. AB   8. D   9. ABC   10. C

二、判断题

1. √ 2. × 3. √ 4. √ 5. √ 6. √ 7. × 8. √ 9. √ 10. √

第二章

了解期货合约

> **本章要点**
>
> 我们在进行期货交易之前有必要充分了解我们的交易对象——花生期货合约以及其交易规则。本章主要介绍了郑州期货交易所上市交易的花生期货标准合约,对合约的具体内容进行了深入分析和讲解,对花生期货的保证金制度、强制平仓制度、结算制度等交易规则进行了穿插解读,以使投资者对于花生期货合约和交易规则有所了解。

花生期货在郑州商品交易所上市交易后,目前整体运行稳健,持仓稳步上升,成交日趋活跃,产业资金参与度良好,市场流动性不错,价格走势基本反映了未来现货市场发展预期,很好地起到了价格"风向标"的作用。现阶段,远期新季花生逐步进入种植期,但花生期货市场仍未出现明显的趋势性行情,涨跌主要还是受宏观环境及其他油脂油料影响。而当下受全球通货膨胀预期的强烈影响,即使现货出现成交困难,宏观宽松也会给期货价格带来一定支撑,跌幅有限且多空博弈激烈,以至于期价能很好涵盖了现货及宏观层面的信息，有利于市场良性循环发展。

产业影响方面，花生期货上市后，部分贸易商及加工企业开始按照期货交割标准对外报价，市面上按照10600元/吨的价格销售远期厂库仓单，并考虑采用基差交易的模式代替一口价交易对远期仓单实施动态价格交易。花生期货的上市，极大地丰富了现货市场的交易形式，提供了更多的交易机会，促进了商品流通，降低了交易成本，利于花生贸易的稳定、健康增长。可以预计，在油脂油料现货市场成熟交易模式的带动下，花生的市场层次也将更加丰富。

农户影响方面，花生期货上市后，中粮期货、中原期货等期货公司第一时间联合保险公司，积极组织开展基于花生期货的多个"保险＋期货"项目。"保险＋期货"项目的快速落地，有利于花生种植户及农业生产合作社在新季花生种植前锁定种植收益，大大提高了国产油料作物的种植积极性，有助于落实2021年中央一号文件"多措并举发展油菜、花生等油料作物"的总体要求，助力脱贫攻坚、油脂供应安全和乡村振兴战略的实施。

 一、你了解花生期货合约规则吗？

花生期货市场是进行花生期货交易的市场，它的交易对象是交易所统一制定的、规定在将来某一特定的时间和地点交割的一定数量和质量的花生标准化合约。花生期货指的就是花生的标准化合约，花生期货交易就是花生标准化合约的交易。

郑州商品交易所花生期货的标准合约文本，具体内容包括交易品种、交易单位、报价单位、最小变动价位、涨跌停板幅度、合约月份、交易时间、最后交易日、最后交割日、交割等级、交割时间、交割地点、最低交易保证金、交割方式、交易代码以及上市的交易所等（见表2-1）。

表 2-1　　　　　　　郑州商品交易所花生标准合约文本

交易品种	花生仁（简称"花生"）
交易单位	5 吨/手
报价单位	元人民币/吨
最小变动价位	2 元/吨
每日价格波动限制	上一个交易日结算价±4%及《郑州商品交易所期货交易风险控制管理办法》相关规定
最低交易保证金	合约价值的5%
合约交割月份	1、3、4、10、11、12月
交易时间	每周一至周五（北京时间 法定节假日除外）9：00—11：30 和13：30—15：00 及交易所规定的其他交易时间
最后交易日	合约交割月份的第10个交易日
最后交割日	仓单交割：合约交割月份的第13个交易日 车（船）板交割：合约交割月份次月10日
交割品级	见《郑州商品交易所期货交割细则》
交割地点	交易所指定交割地点
交割方式	实物交割
交易代码	PK
上市交易所	郑州商品交易所

数据来源：郑州商品交易所。

二、花生期货合约交割月份设置是基于哪些考虑？

农产品生产周期长、生产和消费具有很强的季节性，在设计农产品期货合约时，需要考虑生产和消费的季节性因素。合约交割月份的设置应与农产品的生产活动相适应，起到引导农业生产和消费的作用。从生产角度看，对生产者种植影响最大的是播种和收获季节的价格，前者决定其种植多少，后者决定其销售策略。从消费角度出发，农产品加工过程对原料的需求具有连续性和均衡性的特点,因此,期货合约交割月份应该保持连续性与均衡性。从我国花生生产情况来看,每年 4 月开始,我国分南北依次进入花生种植期。受到气候条件、种植方式、积温等因素的影响,不同地区的花生种植期、发育成熟期差别较大,北方种植花生大多会选择在春季 4—6 月的时候种植,在夏季 8 月份左右便能成熟;南方种植花生可以有两个季节:春季 3 月份左右可种植,在 6 月份的时候便能成熟,也可以在夏季 7—8 月份种植,来年 1—3 月份成熟,后者播种时间比较适合海拔较高的地区,有利于花生的生长。北方种植花生一般 9 月份为采摘的最佳时间。我国不同地区花生种植发育时间见图 2 – 1。

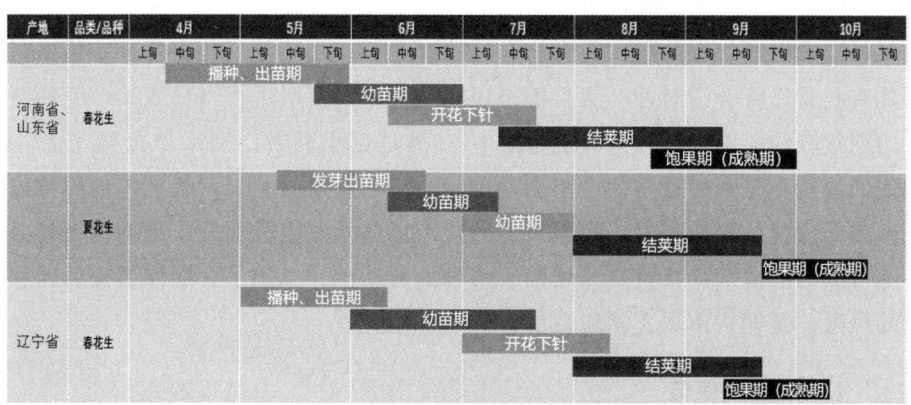

图 2 – 1　我国不同地区花生种植发育时间

三、哪些人可以参与花生期货?

每一个新品种的上市,都会给期货市场注入一股新的活力。期货市场在不断前进的形势下,期货市场的持续活跃和规范运作吸引了许多新的市场参与者,尤其是新入市的个人投资者比例正在呈持续上升趋势。大宗商品和资产价格的频繁剧烈波动也使越来越多的企业开始意识到利用期货市场进行风险管理的重要性。因此,在花生期货交易中,投资者进入期货市场的目的不同,其采用的期货交易方法也不同,主要分为投机交易、套期保值和对冲套利三大类,下面简要概括一下各自的特征。

(一) 投机交易

"投机"一词用于期货、证券交易行为中,并不是"贬义词",而是"中性词",是指根据对市场的判断,把握机会,利用市场出现的价差进行买卖从中获得利润的交易行为。投机者可以"买空",也可以"卖空"。投机的目的,通俗来讲就是获得价差利润,但投机也是有风险的。根据持有期货合约时间的长短,投机可分为三类:第一类是长线投机者,此类交易者在买入或卖出期货合约后,通常将合约持有几天、几周甚至几个月,待价格对其有利时才将合约对冲;第二类是短线交易者,一般进行当日或某一交易节的期货合约买卖,其持仓不过夜;第三类是逐小利者,又称"抢帽子者",他们的技巧是利用价格的微小变动进行交易来获取微利,一天之内他们可以做多个回合的买卖交易。投机者是期货市场的重要组成部分,是期货市场必不可少的润滑剂。投机交易增强了市场的流动性,承担了套期保值交易转移的风险,是期货市场正常运营的保证。

(二) 套期保值

套期保值就是买入(卖出)与现货市场数量相当,但交易方向相反的期货合约,以期在未来某一时间通过卖出(买入)期货合约来补偿现货市场价格变动所带来的实际价格风险。

保值的类型可分为买入套期保值和卖出套期保值。买入套期保值是指通过期货市场买入期货合约,以防止因现货价格上涨而遭受损失的行为;卖出套期保值则是指通过期货市场卖出期货合约,以防止因现货价格下跌而造成损失的行为。产业链生产企业多为套期保值者。

套期保值是期货市场产生的原动力。无论是农产品期货市场,还是金属、能源期货市场,其产生都是源于生产经营过程中面临现货价格剧烈波动而带来风险时自发形成的买卖远期合同的交易行为。这种远期合约买卖的交易机制经过不断完善,如将合约标准化、引入对冲机制、建立保证金制度等，从而形成现代意义的期货交易。企业通过期货市场为生产经营买了保险，保证了生产经营活动的可持续发展。

(三) 对冲套利

套利是指同时买进和卖出两张不同种类的期货合约。交易者买进自认为是"便宜的"合约，同时卖出那些"高价的"合约，从两个合约价格间的变动关系中获利。在进行套利时，交易者注意的是合约之间的相互价格关系，而不是绝对价格水平。

对冲套利一般可分为三类：跨期套利、跨市套利和跨商品套利。

跨期套利是套利交易中最普遍的一种，是利用同一商品但不同交割月份之间正常价格差距出现异常变化时进行对冲而获利，又可分为牛市套利（Bull Spread）和熊市套利（Bear Spread）两种形式。例如，在进行牛市套利时，交易者买入近期交割月份的合约，同时卖出远期交割月份的合约，希望近期合约价格上涨幅度大于远期合约价格的上涨幅度；而熊市套利则相反，即卖出近期交割月份合约，买入远期交割月份合约，并期望远期合约价格下跌幅度小于近期合约的价格下跌幅度。

跨市套利是在不同交易所之间的套利交易行为。当同一期货商品合约在两个或更多的交易所进行交易时，由于区域间的地理差别，各商品合约间存在一定的价差关系。如芝加哥期货交易所（CBOT）与大连商品交易所（DCE）都进行玉米的期货交易，每年两个市场间会出现几次价差超出正常范围的情况，这为交易者的跨市套利提供了机会。如当 CBOT 玉米期货价低于大连商品交易所玉米期货价时，交易者可以在买入 CBOT 玉米合约的同时，卖出大连商品交易所的玉米合约，待两个市场价格关系恢复正常时再将买卖合约对冲平仓并从中获利，反之亦然。在做跨市套利时，应注意影响各市场价格差的几个因素，如运费、关税、汇率等。

跨商品套利指的是利用两种不同的、但相关联商品之间的价差进行交易。这两种商品之间具有相互替代性或受同一供求因素制约。跨商品套利的交易形式是同时买进和卖出相同交割月份但不同种类的商品期货合约。如金属之间、农产品之间、金属与能源之间等都可以进行套利交易。

交易者之所以进行套利交易，主要是因为套利的风险较低，套利交易可以为避免始料未及的或因价格剧烈波动而引起的损失提供某种保护,但套利的盈利能力也较直接交易小。套利的主要作用一是帮助扭曲的市场价格回复到正常水平,二是增强市场的流动性。

自测题

一、判断题

1. 机构客户必须进行实物交割。　　　　　　　　　　　　（　　）
2. 花生期货合约交易单位为10吨/手。　　　　　　　　　（　　）
3. 花生期货交易没有小节休息。　　　　　　　　　　　　（　　）
4. PK2110,其中PK代表的是英文花生米(Peanut Kernel)的首字母,期货合约中交易代码的实际运用就是作为下单指定品种而言,而2110就是对应交易的合约月份。　　　　　　　　　　　　　　　　　（　　）

二、单项选择题

1. 国内花生期货交易规模每手为（　　）。
   A. 10吨　　　　　　　　　　B. 15吨
   C. 5吨　　　　　　　　　　 D. 7吨
2. 国内花生期货交易结果不包括（　　）。
   A. 实物交割　　　　　　　　B. 对冲平仓
   C. 现金交割　　　　　　　　D. 换月交易
3. 国内花生期货的合约为（　　）月。
   A. 1、3、4、10、11、12　　 B. 1、3、10、11、12
   C. 1、3、4、11、12　　　　 D. 1、3、4、10、11
4. 国内花生期货的涨停板为（　　）。
   A. 8%　　　　　　　　　　　B. 2%
   C. 10%　　　　　　　　　　 D. 4%
5. 国内花生期货交易的主要特点是（　　）。

A. 有潜力的农产品期货品种

B. 适合期货初学者的品种

C. 波动虽小，但小价位更有获利空间

D. 信息流通透明

6. 国内花生期货交易的时间不包括（　　）。

 A. 上午9∶00—10∶15

 B. 上午10∶15—10∶30

 C. 上午10∶30—11∶30

 D. 下午1∶30—3∶00

7. 关于花生期货说法错误的是（　　）。

 A. 交易所按"最少配对数"的原则通过计算机对交割月份持仓合约进行交割配对

 B. 机构用户可进行实物交割

 C. 个人用户可以进行实物交割

 D. 客户的实物交割须由会员办理，并以会员名义在交易所进行

参考答案

一、判断题

1. ×　2. ×　3. ×　4. √

二、单项选择题

1. C　2. C　3. A　4. D　5. A　6. B　7. C

第三章

企业如何参与花生期货

本章要点

期货市场来源于现货市场不断延伸发展，期货作为现货的衍生品，既有很高的相关性但也存在差异性，就是因为他们兼具异同点，导致两者的联动变化产生套期保值的价值。本章主要讨论企业参与期货市场的本质和实践。

 一、现货市场与期货市场有什么联系？

期货市场是现货市场不断发展而来的，应该说期货市场和现货市场是密不可分的，现货市场是期货市场的基础，期货市场是现货市场的未来，同一商品的现货价格与期货价格保持一致性变化。期货市场发展是随着商品交易规模、交易范围、交易时间不断扩大的产物,期货交易是商品交易的最高形式。

具体地讲,期货市场是在现货市场基础上发展起来的。之前没有期货市场的时候,现货价格暴涨暴跌、严重损害了生产商的积极性,如2020年某个粮食品种价格很高,促进很多农户一起种植,导致第二年供应增加很多,现货价格暴跌,极大浪费了社会资源,挫伤了种植者的积极性,大家种植的意愿就不高了,结果下一年价格又是大涨。

因此,为了解决商品价格的暴涨暴跌对产业链的破坏性,很多国家成立了期货交易所,使得生产者、消费者和贸易商以及一些投机者组织起来进行公开公平公正的竞价交易,通过大家的交易得出未来一个月、三个月乃至一年后的到期价格,大家根据未来的价格来锁定自己的利润。

二、基差在套期保值中有哪些作用?

基差是某一特定地点某种商品的现货价格与同种商品的某一特定期货合约价格间的价差,即基差 = 现货价格 − 期货价格。基差是指被对冲资产的现货价格与用于对冲的期货合约的价格之差。由于期货价格和现货价格都是波动的,在期货合同的有效期内,基差也是波动的。基差的不确定性被称为基差风险,降低基差风险实现套期保值关键是选择匹配度高的对冲期货合约。基差风险与对冲平仓时的基差直接相关,当投资者持有现货,持有期货空头头寸对冲,对冲平仓日基差扩大,投资者将盈利;反之,当投资者未来将买入某项资产,持有期货多头头寸对冲,对冲平仓日基差扩大,投资者将亏损。

若不加说明,其中的期货价格应是离现货月份近的期货合约的价格。基差并不完全等同于持仓费用,但基差的变化受制于持仓费用。持仓费用反映的是期货价格与现货价格之间基本关系的本质特征,基差是期货价格与现货价格之间实际运行变化的动态指标。虽然期货价格与现货价格的变动方向基本一致,但变动的幅度往往不同。所以,基差并不是一成不变的。随着现货价格和期货价格持续不断的变动,基差时而扩大,时而缩小,最终因现货价格和期货价格的趋同性,基差在期货合约的交割月趋向于零。

基差的变化对套期保值者来说至关重要,因为基差是现货价格与期货价格的变动幅度和变化方向不一致所引起的,所以,只要套期保值者随时观察基差的变化,并选择有利的时机完成交易,就会取得较好的保值效果,甚至获得额外收益。由于基差的变动比期货价格和现货价格相对稳定一些,这就为套期保值交易创造了十分有利的条件。而且,基差的变化主要受制于持仓费用,一般比观察现货价格或期货价格的变化情况要方便得多。所以,熟悉基差的变动对套期保值者来说是大有益处的。

套期保值的效果主要是由基差的变化决定的,从理论上说,如果交易者在进行套期保值之初和结束套期保值之时,基差没有发生变化,结果必然是交易者在这两个市场上盈亏相反且数量相等,由此实现规避价格风险的目的。但在实际的交易活动中,基差不可能保持不变,这就会给套期保值交易带来不同的影响。

三、为什么企业要参与期货套期保值?

关于价格风险的正确认识,商品从生产、加工、贮存到销售过程中,价格不断地发生变化,并且价格变动的趋势难以准确预测,这给企业的生产和经营活动带来很大的风险性。因此,作为一个成功的企业管理者,他应该具备相当强的对市场风险和机遇的把握和控制能力。

在没有利用期货市场的情况下,企业的产品或原料完全暴露在价格波动的风险之下,企业是在销售(购买)的当天才确定价格,至于这个价格是有利还是不利基本上很难预测,即使预测到了也很难掌控,这使企业管理者事先无法作出比较好的预先规划和控制管理。目前,可以很好解决这一难题的唯一办法就是参与期货交易，利用其套期保值功能，在未来的较理想价位上迅速锁定下阶段的采购价格或者销售利润。

企业一般都能认识到参与期货投机交易是一种不适当的行为，这是非常正确的，但是许多企业还没意识到的是，不参与保值也是一种投机，是一种危险性很高的投机。因为产品价格完全暴露在现货市场的波动价格之中，这导致企业赌的就是未来时间现货价格能够稳定或者对其有利，但市场经济条件下现货市场的巨幅波动往往是很难把握的，价格风险对企业来说是无法回避的，并可能给企业带来灾难性后果。因此，美国银行在审查对大宗商品贸易企业的贷款条件时有一个必要条件，就是看企业是否通过期货市场做了套期保值，有了套期保值的因素才考虑贷款。因为银行认为不保值的企业面临不可估量的价格风险，贷款给这样的企业是很危险的。

自从 2008 年全球金融危机以来，无论是国家高层还是国内企业，对利用期货市场进行套期保值的重视程度都越来越高，对套期保值为国民经济服务的要求也随之提高。按照传统的套期保值定义，套期保值是指投资者在期货交易中建立一个与现货交易方向相反、数量相等的交易部位。在一定的社会经济系统内，商品的期货价格和现货价格受相同因素的影响而呈现基本一致的价格走势，而在期货合约到期时因套利行为的存在，使得商品的期货价格和现货价格逐步收敛于一致，这就意味着可以用一个市场的利润来弥补另一个市场的损失。

套期保值的理论也许是完美的，但企业所面临的市场环境和经营环境是复杂多变的，若机械地依照理论进行套保实践，将遭受重大挫折。以数量相等原则为例，很多企业完全照搬此原则，选择与实际现货头寸等量的期货合约进行套保，但是在具体时点上，期货与现货价格的波幅并不一致，而且会出现价差大幅拉大或缩小的现象，这就使完全对等的套期保值效果大打折扣。

其实，从套期保值的利润熨平效应来看，企业保值的目的不是规避所有的价格风险，而是将企业的利润曲线压缩到企业稳健经营可接受的程度，这意味着企业应该根据风险偏好灵活科学地选择风险敞口。同时，组合投资理论认为，交易者进行套期保值实际上是对现货市场和期货市场的资产进行组合投资，套期保值者根据组合投资的预期收益和预期收益的方差，确定现货市场和期货市场的交易头寸，以使收益风险最小化或者效用函数最大化。套期保值者在期货市场上保值的比例是可以选择的，最佳套期保值的比例取决于套期保值的交易目的以及现货市场和期货市场价格的相关性。此外，按照月份相同原则也会因没有对基差结构进行分析而面临流动性不足和基差变动的风险。

四、哪些企业可以参与期货套期保值，他们在期货市场中的操作方式一样吗？

从经营类型上看，可参与期货套期保值的有生产者（企业）、贸易商、加工商和消费企业。

对于加工企业来说，市场风险来自买和卖两个方面。他既担心原材料价格上涨，又担心成品价格下跌，更怕原材料上升、成品价格下跌局面的出现。只要该加工者所需的材料及加工后的成品都可以进入期货市场进行交易，那么，他就可以利用期货市场进行综合套期保值，即对购进的原材料进行买期保值，对其产品进行卖期保值，就可解除他的后顾之忧，锁定其加工利润，从而专门进行加工生产。

贸易商主要是原材料的买入者、卖出者，而加工企业是采购原材料进行加工后，销售产品。在期货交易操作上，贸易商大多以收购产品后，在期货市场上进行卖出套期保值。

五、企业进行套期保值前需要做哪些准备工作？

套期保值入市前，应该考虑如果用头寸了结的方式进行，自己的方案是否可行，然后再考虑现货交割。用头寸了结的方式思考问题，入市会更理性一点，被套的可能性小一点。

（一）制定套期保值计划

欲进行套期保值的企业和开户行应认真分析现货价格、期货价格、基差等因素，并对套期保值的整体库存、交易成本、运费等相关费用进行测算，合理确定盈余空间，认真测算确定期货合约的交易价位、交易数量、交易持有时间，并形成完善的实施计划。

（二）资金准备

企业套期保值资金应来源于自有资金。按照"有多少钱办多少事"的原则，备足期货交易保证金和各项交易费用所需资金，有效防范期货交易风险。尤其要认真测算企业可用于期货套期保值的自有资金总额，既要达到固定比例的交易保证金的要求，更要保证期货价格波动中能够及时追加保证金的要求，防范期货交易保证金不足被强行平仓的风险。

（三）套期保值交易实施

粮食购销企业开展套期保值业务时，应采取边购进边套期保值或先购进后套期保值的方式，合理控制交易数量，防止无现货基础对应的期货交易，有效防控期货价格风险，不允许先从期货市场上卖出后再在现货市场购进。

花生产业化龙头企业、花生加工企业等加工转化类企业进行买入期货套期保值时，应在签订产品销售合同后进行，且花生套期保值数量不得超过其产成品销售数量（按产出率折算）；进行卖出套期保值时，应采取边购进边套期保值或先购进后套期保值的方式，合理控制交易数量，防止无现货基础对应的期货交易。

（四）期货平仓、现货采购或现货销售

期货套期保值的结束采取两种方式：一是平仓；二是进行实物交割。企业采取的具体方式应根据企业的实际情况及价格波动来确定。

（注：套期保值不等于交割。选择交割必须搞清楚交割规则，如果选择

交割，必须对交割规则进行提前研究，以免因为对规则理解不清楚而导致交割失败。不同的交易所及不同的品种对交割的要求不一样。）

六、企业参与期货市场应注意什么？

尽管参与期货套期保值对企业有诸多的好处，但在实际套期保值过程中，企业也会出现以下常见问题：定位不明确；认为套期保值没有风险；认为不需要分析行情，而且管理运作不规范，教条式套期保值。以下是企业在套保时需要注意的，以避免不必要的损失：

第一，企业进行套期保值是以锁定产品价格波动风险为目的，因此，不要随意地将套保头寸转为投机头寸。

第二，套期保值并不意味着一定要进行交割，企业进行实物交割要根据市场情况而定，并考虑交割的运输成本等。

第三，企业要根据自己的生产规模灵活设计合理的套期保值头寸。套期保值的实践发展表明，套期保值企业应结合市场实际情况，设计适用于企业的套期保值机制，市场瞬息万变，很多事情的发生不可预知。如果教条套保、不根据市场变化随时调整风险工具及所持仓位，则企业可能将蒙受巨大的损失，套保也失去了意义。

七、企业在提高套期保值的效果方面有什么可以借鉴的？

企业在进行套期保值时经常会发现套期保值的方向正确，套期保值的时点与现货价格的变化时点也相同，但是套期保值的效果并不理想，甚至出现亏损。期货价格与现货价格的运行趋势整体一致，特别是在交割月份，由于期货与现货基差套利因素的存在，期货价格与现货价格基本一致。然而，在交割月之前，期货价格与现货价格会出现不一致的走势。

为了寻找期货价格与现货价格走势不一致的原因，我们先弄清楚期货价格的形成机制，并将其与现货价格进行相关性分析：其一，当前期货价格受到当前现货供求关系、成本和利润水平的影响；其二，当前期货价格受到合约预期对应交割月的现货供求关系、成本和利润水平的影响；其三，当前期货价格受到预期当前至交割月的供求关系变化、成本和利润水平变化的影响；其四，当前期货价格受到预期合约对应交割月之后的供求关系变化、成本和利润水平的影响；其五，当前期货价格受到多空双方资金博弈的影响；其六，当前期货价格受到市场被动的影响；其七，当前期货价格受到期货价格波动特性的影响；其八，当前期货价格受到同一时段历史期货价格和基差水平的影响。

这八种对当前期货价格的影响因素构成了期货价格形成的机制，前四种是期货价格形成的基本因素，后四种是期货交易衍生的影响因素。除第一种当前现货供求关系、成本和利润水平外，后三种预期性的各项关系就构成了期货的价格发现机制。正是由于期货价格发现功能的存在，期货价格的运行周期、涨跌时间、涨跌幅度等与现货价格并不一致，增加了套期保值的难度。

套期保值的原理就是进行套期保值所选用的期货价格与套期保值标的现货价格能够保持一致的变化，只有这样才能形成有效的套期保值。然而，由于期货价格发现功能的存在，期货价格与现货价格的变化幅度、走势特征经常不一致。

虽然在交割月份期货价格与现货价格逐渐靠拢，但在套期保值操作时，所选用的合约很少是近期合约或交割月份合约。因为即使期货市场做到每个合约都活跃，由于市场关注度和资金交易热点影响，临近交割月的合约以及交割月合约交易量稀少，流动性差，大多数情况下不适合用来进行套期保值。使得套期保值只能选择成交量较大的远期合约进行交易，并且几乎整个套期保值时间区间都处于远离交割月的时段。也就是说，在进行套期保值操作时选择的期货合约价格都包含发现价格因素，期货价格的运行时间区间、涨跌幅度等都会与现货价格的变化不相一致。

下面以生产企业的卖出套期保值为例,研究期货价格发现功能对套期保值的影响。

第一,风险感受不同。期货的价格发现功能是对未来价格的预期,如在价格高位,市场的交易行为预期未来价格有下跌趋势,期货价格通常会领先现货价格出现下跌行情。此时,现货的供求状况仍然乐观,价格高,利润也高,生产企业对销售价格和利润普遍满意。当现货价格下跌、利润缩窄、生产企业感受到价格向不利的方向发展、希望进行套期保值时,由于期货价格发现功能的作用,期货价格下跌幅度已经较大了。这时再进行套期保值,获利空间就被压缩,并且期货交易本身的风险也会增加。花生期货价格在2021年2—3月出现近1500点的上涨,现货企业获利颇丰。然而,花生期货价格自2021年3月开始大幅下跌,现货企业的成本和利润就开始收缩。而期货市场因价格发现功能的存在,2021年6月开始进一轮暴跌。等到现货企业感受到风险,需要进行套期保值时,价格已从最高点下行约1800点。此外,由于期货价格的波动特性,很容易出现短时反弹,导致套期保值效果打折。

第二,套期保值的平仓时机感受不同。在期货价格处于底部、现货价格也很低迷时,生产利润微薄,企业仍会选择持有套期保值头寸。然而,由于期货价格发现功能的存在,市场预期未来供求状况和价格水平会朝有利方向变化,期货价格将脱离底部转为上涨行情,企业就失去了在低位进行套期保值头寸平仓的最佳时机。

第三,套期保值的盈利幅度不同。期货价格发现功能的体现,使得期货价格变动提前于现货价格,压缩了套期保值的获利空间。在套期保值的过程中,由于期货价格发现功能的作用,期货价格的下跌速度大于现货,套期保值的效果放大,这只是少数的情况。多数情况下,期货的价格发现功能会缩窄套期保值的利润空间。

第四,套期保值选用的合约不同,效果也不同。不同合约的交割月份不同,不同的交割月份在交割月时的供求状况、成本和利润不同,并且交割月距离当前的时间长短不同,其间及之后的影响因素也有所不同。最明显的反应就是,不同合约之间的价差关系会在套期保值过程中发生变化,选择价差位置合适的合约,套期保值的效果相对较好,而选择价差位置不佳的合约,套期保值的效果自然受损。

　　受期货价格发现功能的影响，现货价格与期货价格在运行时段、幅度甚至方向上会出现不一致的情况，而这又左右着套期保值的效果。例如，生产企业从现货经营中意识到需要进行套期保值时，期货在价格发现功能的作用下，已经先期下跌到较低位置，套期保值的卖出价位甚至已经到达行情的低价区。贸易企业进行套期保值时，期货因价格发现功能在前期已经有较大幅度的下跌，而在进行套期保值时段，下跌幅度小于现货下跌幅度，甚至还会由于自身的波动特性，期货价格出现大幅反抽，造成套期保值效果不佳。对于农产品企业来说，由于供应价格弹性较大，供应量，也就是产量的变化对农产品的价格波动影响较大，使得农产品期货价格发现功能表现得更为充分，农产品期货价格与现货价格走势常常分化。另外，由于农产品供应具有季节性，不同交割月合约的价格发现功能表现也不同。

　　企业在套期保值时，需要明确期货价格发现功能对期货价格走势的影响，从期货价格的运行中尽早发现变动趋势，做到未雨绸缪。同时，也要注意相关合约的价差关系以及各合约套期保值的空间大小，尽可能选择未来获利更多的合约进行交易。

 八、为什么套期保值交易中要严格控制投机问题？

　　套期保值是指把期货市场当作转移价格风险的场所，利用期货合约作为将来在现货市场上买卖商品的临时替代物，对其现在买进准备以后售出商品或对将来需要买进商品的价格进行保险的交易活动，品种相同、月份相同、数量相当、方向相反是套期保值的四大经典原则。从这个定义中可以看出，套期保值是与现货严格对应的，与现货的操作方向相反，中间不存在投机的成分，但在实际操作中，自产原料保目标利润、预防存货跌价损失，甚至日常经营管理中的产供销平衡保值中都多多少少需要对价格的走势进行判断等，即会涉及投机问题。但这些大多属于被动投机，往往不容易事先就被察觉,或者是由于套期保值者对套期保值的概念理解不深刻造成的,并不是套期保值者的主观意愿。

(一) 自产原料保值中的投机问题

自产原料的特点是成本相对稳定,销售价格对利润影响很大。其保值的基本做法是,期初根据公司的财务目标,利用财务模型推出实现财务目标的销售价格,商务部门从分析市场的角度对价格进行预测,反复平衡达成卖出的最低入市目标价,卖出之后按照自产原料的实际产量对应平仓。这中间至少涉及两方面的投机问题:第一,卖出的最低入市目标价基本都是预测价格,能否达到并不能确定,这中间就存在对价格的走势判断,具有投机性。在价格没有达到之前,自产原料生产的产品是按照市场价格卖出的,并没有达到预期的销售价格,如果价格继续下跌,距离实现财务目标会越来越远,即使之后价格上涨,为了达到既定的财务目标,也必须通过上调原来的最低入市目标价才能实现,这样一来就具有更大的投机性了。第二,目前对自产原料的卖出保值都是通过卖出电解铜来进行的,属于替代性保值,两者之间的价值并不相等,如果简单地按照量来卖出,就有超卖的嫌疑,这部分的卖出量就很难完全界定为保值了,用量来解释应该更加合理,就是说,超卖的部分具有很大的投机性。如果原料与产品之间的增值部分涉及的辅助材料也是上市的期货品种,就将原料折算成产品、按价值相等的原则来保值,辅助材料也对应保值更加合理;如果辅助材料无法保值,按量卖出保值的实质是用产品的卖出保值替代了辅助材料的保值,更多的是保产品的销售价格,也是可以理解的。如果原料是上市的期货品种,这个问题就迎刃而解了。

(二) 预防存货跌价损失中的投机问题

存货的特点是量大、期初价格和平仓时点已知,但不能交割。预防的方法大致有:以不低于财务期初的价格卖出保值,期末价格买进平仓;将原料作价期移到期末的月份之后,减少库存作价量,期末价格买进之前少买原料;卖出到期日为下个期初的看涨期权(行权价为预测的期间最低上涨目标价)、买进到期日为下个期初的看跌期权(在市场价格远高于期初价格时考虑、行权价在期初价格以上)或者两者的组合等,被行权的空头按期末价格平仓。这种操作和自产原料的卖出保值一样，有价值匹配的投机问题，而且存货的存在方式更多，各种存货的价值也不相同，有些还无法通过市场价格来确定，所以更复杂。而预防存货跌价损失操作中的最大投机问题是存货不能交割，就是说在企业的存续期间，是没有相应可以卖出的产品与保值头寸对应的，到期只能买进平仓，一旦在头寸需要了结时市场出现逼空的情况，尽管跌价损失可以部分或者全部弥补，但存货价值超过期初的部分无法变为利润，而在期货市场上产生的巨大平仓损失将立即体现，所以将原料作价期后移的做法比持有空头头寸相对稳妥，但效果可能远不如持有空头头寸：在市场出现逼空的时候可以继续后移，直到市场恢复正常结构为止。但期初原料作价期的价格往往是某段时间的平均价，未必会高于期初价格。

（三）日常产供销平衡保值中的投机问题

这个问题是指原料和产品两头在外部分的保值操作。这种保值一般以月度产供销平衡为原则、以平均价为考核目标进行，只把不平衡的部分在期货市场上对应保值。由于企业要考虑资金的使用效率，会尽量降低产品库存，所以销售量基本等于产量，如果买进原料的量小于产量，则在期货市场进行买进保值，只要买进价格低于月平均价，保值就是成功的，反之则卖出保值，只要卖出价格高于月平均价，保值就是成功的。

（四）保值中的其他投机问题

卖出保值时，如果合约到期在实现销售之前，到期无法交割，只能移仓，这部分的头寸实质上有很大的投机成分，因为一旦该约期到期时出现逼空的情况，会显著高于远期价格、甚至当时的现货价格，移仓将遭受额外的损失。解决这个问题的方法就是卖出保值时，合约到期必须在实现销售之后，不能因为当时的价格结构问题而选择过近的到期合约。买进保值虽然也存在类似问题，但市场出现逼多的情况还是相对少见的。实际操作中必须重视约期与现货交易实现时间之间的关系问题，才能避免潜在的不必要的损失。

九、企业如何运用期货市场来指导现货经营？

企业参与期货市场，可称之为风险管理。众所周知，经营一个企业有很多的风险，其中一些是与生产经营相关的，包括生产的技术、疫病的防治等，这是跟生产经营直接相关的。另一些就是市场的风险，如果我们把市场风险细分归纳为三个部分：一是生产需要的原材料成本；二是销售的利润和收入，这存在一个产成品价格波动的风险；三是库存与原材料，这些库存也会因为市场价格的变化而形成库存的成本和风险，基本上就是企业套期保值的"两锁一价"。

从生产企业的角度来看，原材料的成本价格是越低越好，越高就越有风险。从套期保值的角度来看，重点需要关注单项的采购价格上升。现货行业可以用中远期的稳定购销合同来锁定价格，但存在一定风险。当这种合同跟市场价格偏离比较大的时候，违约的风险是比较大的。例如，养殖行业大多是采取公司加盟的形态，由公司跟农户签一个保底价，当公司做出承诺后就会把所有的价格风险聚集到农户这边，当农户的保底价远高于市场价格的时候，他承担的风险很大，就每一笔交易，每一斤猪肉，每一个鸡蛋他都会亏损，这个时候企业如果经营状况不太好，资金不雄厚就有违约的风险。此外，签订这种套期保值合同的时候，如果是市场价格远远高于公司出的收购价，农户也会违约，他会把他的猪或者鸡蛋拿去市场上卖，而不是卖给这些公司。双方都有违约风险。所以，在现货市场操作中存在诚信问题，违约的风险还是很大的。

十、生产型或贸易型企业如何进行套期保值?

企业在参与套期保值之前,首先必须做充分的准备,公司内部必须成立相应的机构专门负责公司的套期保值业务。公司高层应经常了解企业套期保值的具体情况。一方面是对具体操作者的一种支持;另一方面起到了监督防范的作用,防范由于某个人的重大失误而导致恶性事件的发生,造成不可挽回的经济损失。最后,公司还应该成立相应的风险监控机构,关注期货市场的变化,同时密切监控公司套期保值头寸的盈亏情况,一旦出现不利局面,就必须果断采取措施。

(一) 目标价位的设定问题

1. 单一目标价位策略

所谓单一目标价位策略,是指企业在市场条件的允许下,在为保值所设定的目标价位已经达到或可能达到时,企业在该价位一次性完成保值操作。这样,不管今后市场如何变动,企业产品的采购价和售价都是锁定的,市场上的价格波动对企业不再产生实质性影响。国际上很多大企业即采用此种策略进行保值操作。

该策略的特点是目标明确、操作简单,能有效限制企业的投机性思维倾向,使企业在保证基本利润的情况下健康发展,避免误区,但在市场长期持续走高或走低的情况下,一旦目标价位制定的不合适,在企业实施一次性百分之百卖出保值(或买进保值)操作的情况下,企业的保值价位就有可能比市场的平均价格偏低,致使企业损失很多利润。

2. 多级目标价位策略

所谓多极目标价位,是指企业在难以正确判断市场后期走势的情况下,为避免一次性介入期市造成不必要的损失,从而设立多个保值目标价位,分步、分期在预先设定的不同目标价位上按计划地进行保值操作。

该策略的特点是具有更大的灵活性和弹性，在市场呈现大牛市或大熊市时，可以有效抓住不同价位进行战略性保值，逐步提高或降低平均保值价位，避免给企业造成较大的机会损失，有效地提高企业利用市场机会的能力，增大企业的获利空间。但是该策略的风险性比单一价位保值策略要高，一旦市场的趋势朝向企业不利的方向发展，企业就有丧失最佳保值机会的可能。同时，目标价位级数的设定不科学，目标级数过多或过少，相邻目标间价格差别空间过大或过小，其实际保值效果都会不理想。

从严格意义上讲，这两种策略在本质上不存在绝对的优势，许多企业在期货市场的实际操作中也经常混合采用。就单一企业来讲，究竟采用哪种策略，应取决于企业的具体情况。

在实施分步、分期保值损失操作时，通常又有两种策略可以采用，一种是均衡进入保值策略，即在各级目标价位上等量实施保值操作；二是逐级增加保值策略，即在更满意的下一级目标价位逐步加大保值力度。

（二）保值力度的问题

所谓"保值力度"，是指企业参与保值的数量占企业消耗量（对消费企业）或产量（对生产企业）的百分比。保值力度介于 0 与 100 之间，零代表"不保"，100 代表"全保"。如果超出 100 以上，就是所谓的"保值过度"。保值过度也是一种投机。

套期保值策略一般分为"牛市套保"与"熊市套保"两种，这是对市场处于"牛市"或是"熊市"的不同状态而做出的不同策略。一般而言，不同企业保值力度的大小，目前主要取决于企业决策层的态度，通常情况下，50% 的力度可以考虑作为一个经常的立足点。当后市发展比较乐观时，可以考虑压缩到 1/3（牛市中）；当后市比较悲观时，可以考虑增大到 80% 乃至更多。

总之，既要考虑企业经营的稳定性，又要考虑企业经营的灵活性。如果是初步参与，可将保值力度控制在 20%—30%，以便在尝试中逐渐积累经验。

（三）保值操作过程中与市场趋势严重背离情况下的操作处理

一个企业在制定它的保值策略和保值计划时，必然要对后期的市场走向有一个预测，但这种预测与今后的市场实际发展走向大多会有一定程度的偏差。这样一来，原先所制定的一些保值操作方案在其实际执行过程中不一定十分有效，有时会出现与市场明显背离的情况。这时应对原来的保值方案进行修正，如保值的目标价位，保值的力度问题等，同时对已保值的头寸进行处理，如采用止损斩仓、锁仓保护或压缩头寸。

（四）套期保值的效果评估应着眼于长期性

套期保值的操作方式是在"理想价位"上对期货市场的一定月份合约进行抛售或买进。所谓"理想价格"，是指企业经成本测算认为有稳定合理的利润的售价，或者是过度偏高于市场供求关系的超常价格。企业如果长期有计划地进行套期保值操作，并严格遵循既定的方针和原则，其长期的整体销售业绩（或采购价格）是可以高于（或低于）同行或市场平均价的水平。但单看某一次保值的操作结果，不一定就能获得最好的效果。也就是说，不一定每次保值都能获得满意的结果。但长期做下去是会有显著效果的，并且可以使企业在市场价格出现大幅的不利变动时避免陷入极端不利的局面，而这种价格的"极端变动"在市场全球化的今天是经常可能突然降临的。

（五）正确认识保值过程中期货市场的亏损

从期货市场套期保值含义中可以得出结论：期货市场中的保值交易并不能保证企业在期货交易的估算中都是盈利的。因为期货市场的保值原理就是"中和"原理，企业进入期市的目的是保住认为合理的价格，利用期现两个市场套保，最终的结果必然是一个市场盈利，另外一个市场亏损。期货市场的亏损刚好说明了现货市场的盈利，在这方面，企业的决策者尤其要认识清楚，期现两个市场要结合起来分析。

（六）选择合适的对冲方式

有两种方式可以选择：一种为场内平仓法，一种为实物交割对冲法。对于套期保值头寸可灵活运用交割式操作或平仓式操作两种手法。期货交易所规定套期保值头寸必须申请，并不得重复使用，只能在规定的期限内一次性平仓或者实物交割。因此，企业在进行套期保值时应从经济效益的角度来考虑是进行交割式操作还是进行平仓式操作。以卖期保值为例，如果期货价格变化幅度大于现货价格变化幅度时，卖期保值者会倾向于平仓式操作；当期货价格变化幅度小于现货价格变化幅度时，卖期保值者会倾向于交割式操作。

（七）企业参与花生品种套期保值的方案设计

在对品种的价格走势进行了充分的研究和预测的基础上，企业可以根据自己的判断来决定采取具体的套期保值方案。据作者对市场趋势的判断，以花生为例给出以下建议：

（1）明年生产订单的花生企业，尽管目前花生价格处于整体下降的走势，对于企业来说成本在不断下降，是一个有利的趋势，但是考虑到企业回避经营风险的需要，也应该参与套期保值，只不过由于我们对目前的市场趋势的判断是整体下降的趋势，因此我们可以将保值力度适当减弱，按照生产规模的10%进行买入套期保值，也就是说，将生产所需要花生数量的10%在期货市场进行买入套期保值，然后采取多极价位目标策略进行操作，再按照市场发展趋势来灵活掌握。

（2）订立远期原料收购合同或有花生库存的花生企业，为了防止花生价格的持续下跌，必须参加花生的套期保值。由于我们判断，后市花生价格继续下跌的可能性较大，目前具有的这种情况存在较大的风险，因此应将保值力度适当加强，可按照合同采购量或库存数量的80%参与卖出套期保值，在当前价位可先建立70%的套期保值头寸，余下的30%可根据市场情况灵活掌握。

十一、怎么做花生跨市场套利？

当熟悉了解上述介绍的跨市场套利理论知识后，可以根据花生品种的特性进行跨市场套利。花生主要用途为油厂榨油和食品制作，而油厂榨油的产品主要有花生油和花生粕。花生油的价格波动主要受油脂板块的波动影响，花生粕的价格主要是依据饲料板块的影响，因此投资者在做花生的跨市场套利时，主要是做与油脂油料板块的联动。

当油脂油料板块在宏观不及预期的影响下，可以与油脂品种形成套利组合。由于花生油属于高端食用油品种，油厂对原料的承受程度较高，因此在整体油脂行情不景气的情况下，可以按出油率的比例做多花生形成对其他油脂类品种的风险对冲套利。

自测题

一、单项选择题

1. 花生期货套期保值的种类不包括（　　）。

   A. 套利　　　　　　　　B. 买入保值

   C. 卖出保值

2. 目前，花生企业利用期货市场套期保值的主要方法是（　　）。

   A. 买入套期保值　　　　B. 投机

   C. 综合套期保值

3. 套期保值可以完全抵消花生相关企业在现货市场的风险吗？（　　）

   A. 完全可以　　　　　　B. 不好说

   C. 一般不可以

4. 基差是指某一时刻、同一地点、同一品种的（　　）之间的价差。

   A. 现货与期货　　　　　B. 期货与现货

   C. 不同月份的期货与期货

5. 投机的风险性比较大，作为贸易企业来说，其主要目的在于规避风险，所以企业最好的交易方式是（　　）。

   A. 套期保值　　　　　　B. 套利

   C. 期现交易

二、判断题

1. 花生生产、流通、加工企业都可以利用花生期货市场进行套期保值。
（　）

2. 目前油脂油料企业可以进行跨市套利。（　）

3. 花生是生产花生油的主要原料，花生油企业可以利用期货市场事先进行买入保值的操作以控制花生采购成本，继而完全规避风险，可以实现比较稳定的收益。（　）

4. 进行套期保值操作虽不能肯定带来收益，但可以降低商品价格波动可能造成的潜在的损失和风险。（　）

5. 套期保值不等于实物交割。贸易企业也可以实物交割。（　）

6. 期现套利操作流程与期货套期保值流程相同，区别是期现套利的目的是回避价格风险，而套期保值的目的是获取利润。（　）

7. 利用期货市场进行套期保值是粮油企业构建可持续的商业模式必不可少的要素。（　）

8. 套期保值是花生贸易商参与期货市场的一个重要的方式，此外，期转现交割、期现套利也渐渐被大家接受，但是就风险性而言还是套期保值风险性相对较小。（　）

参考答案

一、单项选择题

1. A　2. A　3. C　4. A　5. A

二、判断题

1. √　2. √　3. ×　4. √　5. √　6. ×　7. √　8. √

第四章

企业如何进行实物交割

> **本章要点**
>
> 本章从花生期货实物交割的概念、形式、操作流程以及注意事项等方面详细介绍花生期货的实物交割,使大家能够比较全面地了解并利用期货市场。

一、你了解实物交割吗?

实物交割,是指期货合约的买卖双方于合约到期时,根据交易所制订的规则和程序,通过期货合约标的物的所有权转移,将到期未平仓合约进行了结的行为。商品期货交易一般采用实物交割的方式。

由于期货交易不是以现货买卖为目的,而是以买卖合约赚取差价来达到保值的目的,因此,实际上在期货交易中真正进行实物交割的合约并不多。交割过多,表明市场流动性差;交割过少,表明市场投机性强。在成熟的国际商品期货市场上,交割率(实物交割量/期货成交量)一般不超过5%。

虽然期货合约持仓最终进入实物交割的比例较小,但是正是这比较少的交割量构建了期货市场和现货市场的桥梁,为期货市场的功能发挥提供了保障。在期货市场上,实物交割是促进期货价格和现货价格在交割月份趋于一致的制度保证。通过实物交割,期现货两个市场得以实现互相联动,使得期货市场能够充分发挥价格发现的作用。

实物交割是期货市场发现价格功能得以发挥的前提条件。由于期货市场实物交割的存在,才使得一些熟悉现货流通实际操作的套期保值者在根据现货市场的有关信息,直接在期货市场上抛出或购进,进而获取差价,这种期现套做的方法在一定程度上消除了种种非价格因素所带来的风险,这起到了引导生产经营、实现资源优化配置的作用(见图4-1)。

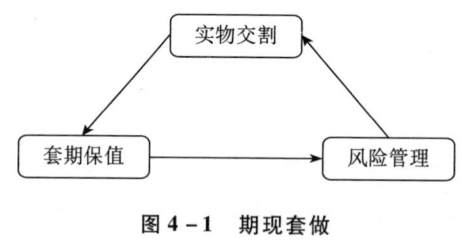

图4-1 期现套做

二、期货交易与现货交易有何区别?

现货交易是指买卖双方以实物交割为目的的商品交易方式。按其交割时间不同,可分为即期现货交易和远期现货交易。即期现货交易是现买现卖,钱货两讫,即由拥有商品准备立即出售的卖方和拥有货币但想立即得到商品的买方直接见面,即时成交。远期现货交易,亦即现货远期合同交易,是一种"成交在先,交割在后",即买卖双方先通过签订合同达成交易契约,在未来某一确定时间再进行交割的交易方式。

期货来源于现货，期货交易来源于现货交易的远期合同，但是又不同于现货交易。期货交易是一种集中交易标准化合约的交易形式。即交易双方在期货交易所通过买卖期货合约并根据合约规定的条款约定在未来某一特定时间和地点，以某一特定价格买卖某一特定数量和质量的商品的交易行为。期货交易的最终目的并不是商品所有权的转移，而是通过买卖期货合约，规避现货价格风险。期货交易是在现货交易基础上发展起来的、通过在期货交易所内成交标准化期货合约的一种新型交易方式。

期货交易与现货交易的区别（见表4-1）：

表4-1　　　　　　　　期货交易与现货交易的区别

交易类型	现货交易	期货交易
交易对象	商品实物	期货合约
交易目的	商品与货币的互换	套期保值或统计套利
交易方式	一对一交易	标准化合约
交易场所	不固定	期货交易所
保障制度	经济合同法及结算制度	交易保证金制等期货交易法规
商品范围	一切商品	有限商品

（一）买卖的直接对象不同

现货交易买卖的直接对象是商品本身，有样品、有实物、看货定价。

期货交易买卖的直接对象是期货合约，是买进或卖出多少手或多少张期货合约。

（二）交易的目的不同

现货交易是一手钱、一手货的交易，马上或一定时期内获得或出让商品的所有权，是满足买卖双方需求的直接手段。

期货交易的目的一般不是到期获得实物，套期保值者的目的是通过期货交易转移现货市场的价格风险，一般投资者的目的是为了从期货市场的价格波动中获得风险利润。

（三）交易方式不同

现货交易一般是一对一谈判签订合同，具体内容由双方商定，签订合同之后不能兑现，就要诉诸法律。

期货交易是以公开、公平竞争的方式进行交易。一对一谈判交易（或称私下对冲）被视为违规。

（四）交易场所不同

现货交易一般不受交易时间、地点、对象的限制，交易灵活方便，随机性强，可以在任何场所与对手交易。

期货交易必须在交易所内依照法规进行公开、集中交易，不能进行场外交易。

（五）商品范围不同

现货交易的品种是一切进入流通的商品，而期货交易品种是有限的，主要是农产品、石油、金属商品以及一些初级原材料和金融产品。

（六）结算方式不同

现货交易是货到款清，无论时间多长，都是一次或数次结清。

期货交易实行当日无负债结算制度，必须当日结算盈亏，结算价格是按照成交价加权平均来计算的。

小贴士

花生的最后交易日和最后交割日

商品期货最后交易日就是最后交易期货合约的日期，最后交易日一过，期货就进入了交割时段，交割时段的最后一天就是最后交割日。最后交割日是买卖双方在集中交割形势下进行仓单和货款转移的时间。按照期货合约的规定：花生期货最后交易日为合约交割月份的第10个交易日；最后交割日按照交割方式不同，仓单交割为合约交割月月份的第13个交易日，车（船）板交割为合约交割月份的次月10日。

第四章　企业如何进行实物交割　55

 三、什么样的现货能交割？

现货市场按照品种和大小分类不同，主流贸易现货主要是食品用和油用花生，郑州商品交易所采用的是市场主流用的油以花生为主，满足花生期货交割质量标准。

（一）基准交割品

以国家标准和农业部标准为基础，参考现货企业收购标准，形成花生期货基准交割品要求（见表4-2）。

表4-2

项目	质量标准
含油率（以湿基计，下同）	[45%，46%)
酸价（以脂肪计，下同）	≤1.5mgKOH/g
杂质	≤1.0%
水分	≤9.0%
霉变粒	≤1.0%
7mm上层筛（长圆孔筛板）筛上比例	≥60.0%
5.5mm下层筛（长圆孔筛板）筛下比例	≤20.0%
色泽	正常
气味	正常

花生仁术语和定义、卫生要求及检验方法等按照《中华人民共和国国家标准——花生》（GB/T 1532—2008）、《中华人民共和国农业行业标准——油用花生》（NY/T 1068—2006）、《中华人民共和国国家标准——长圆孔、长方孔和圆孔筛板》（GB/T 12620—2008）及规范性引用文件执行。

（二）替代交割品及升贴水

含油率：43.0%≤含油率<44.0%的，贴水200元/吨；44.0%≤含油率<45.0%的，贴水100元/吨；46.0%≤含油率<47.0%的，升水100元/吨；含油率≥47.0%的，升水200元/吨。

酸价：1.5mgKOH/g<酸价≤2.0mgKOH/g，贴水200元/吨；2.0mgKOH/g<酸价≤2.5mgKOH/g，贴水500元/吨。

霉变粒：1.0%<霉变粒≤1.5%，扣量0.5%；1.5%<霉变粒≤2.0%，扣量1.5%。

花生期货交割标准紧扣现货市场油用花生采购标准，主要质量指标为含油率、酸价、霉变率、筛上筛下率、水分、色泽气味及杂质。其中，含油率、酸价、霉变率为油用花生定价的核心指标，故对其设置升贴水。

（三）花生交割的包装要求

花生包装应采用塑料编织袋。编织袋应坚固、清洁、干燥，使用缝包机封口，不应产生撒漏或对花生造成污染。单包装载花生重量50kg±2kg，且单个包装物重量不得超过125g。同一客户同一批次交割的花生包装要求规格统一。

期货市场是严格规范的市场，所参与交割的花生品种必须达到一定的质量标准。如果企业参与交割的产品高于或低于标准等级的则会发生一定的升贴水费用。

小贴士

升贴水

升水：一方面，是指交易所条例所允许的，对于高于期货合约交割标准的商品所支付的额外费用；另一方面，是指某一商品不同交割月份间的价格关系。当某月价格高于另一个月份价格时，我们称为较高价格月份对降低价格月份升水。按照分类标准不同可分为：质量升水，地区升水，品种升水；反之，称为贴水。

> **小贴士**
>
> **等级和质量升贴水计算**
>
> 目前花生主要交割仓库设定在基准地河南省、山东省和河北省，没有设置地域升贴水，主要集中在质量升贴水方面。为了便于理解，我们在这里进行举例说明。
>
> 假设某卖方客户预交割花生10月期货合约10手（5吨/手），经仓库质检该批次花生含油率44.5%，酸价1.53 mgKOH/g，霉变杂质≤1.0%，水分≤9.0%，霉变粒≤1.0%，7mm上层筛（长圆孔筛板）筛上比例≥60.0%，5.5mm下层筛（长圆孔筛板）筛下比例≤20.0%，色泽气味正常的花生仁。计算该批货物的升贴水。
>
> 含油率贴水 = 10×5×(-100) = -5000元（44.0%≤含油率<45.0%的，贴水100元/吨）；酸价贴水 = 10×5×(-200) = -10000元（1.5mgKOH/g<酸价≤2.0mgKOH/g，贴水200元/吨）；于是，交割结算时候，交割结算价减去300元/吨，交割结算货款比按照交割结算价计算的少15000元。

四、花生期货的交割方式有哪些？流程分别是怎样的？

根据《郑州商品交易所期货交割细则》的规定，花生期货可以采用期货转现货、滚动交割或集中交割方式。

（一）集中交割

集中交割是指在合约最后交易日闭市后，交易所组织所有未平仓合约持有者进行的交割。在最后交割日，买卖双方实行一次性交割，仓单与货款同时划转，交割价格按交割月份所有交易日结算价的加权平均价格计算。采取集中交割可以有效避免交割违约，为卖方提供增值税发票和买方筹措货款留下充足时间。郑州商品交易所（以下简称"郑商所"）期货实物交割在交割月的连续三个交易日完成，分别称为第一交割日、第二交割日、第三交割日。集中交割的流程见图4-2。

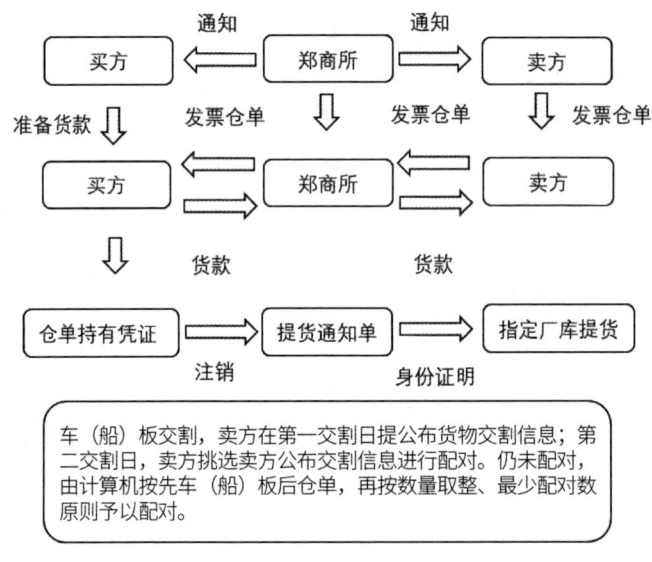

图4-2 集中交割流程

（二）滚动交割

滚动交割是指在期货交易进入交割月后，持有交割月合约及标准仓单的卖方可在交割月第一个交易日至交割月最后交易日的前一交易日的交易时间提出交割申请，并按交易所规定程序完成交割的交割方式。滚动交割由客户提出交割申请，会员代客户办理。办理时间为交割月第一个交易日至交割月最后交易日的前一交易日。滚动交割的流程见图4-3。

（三）车船板交割

车船板交割是指在交易所指定交割计价点货物装至买方汽车板、火车板或轮船版，完成货物交收的一种实物交割方式。买卖双方以货物装上买方车

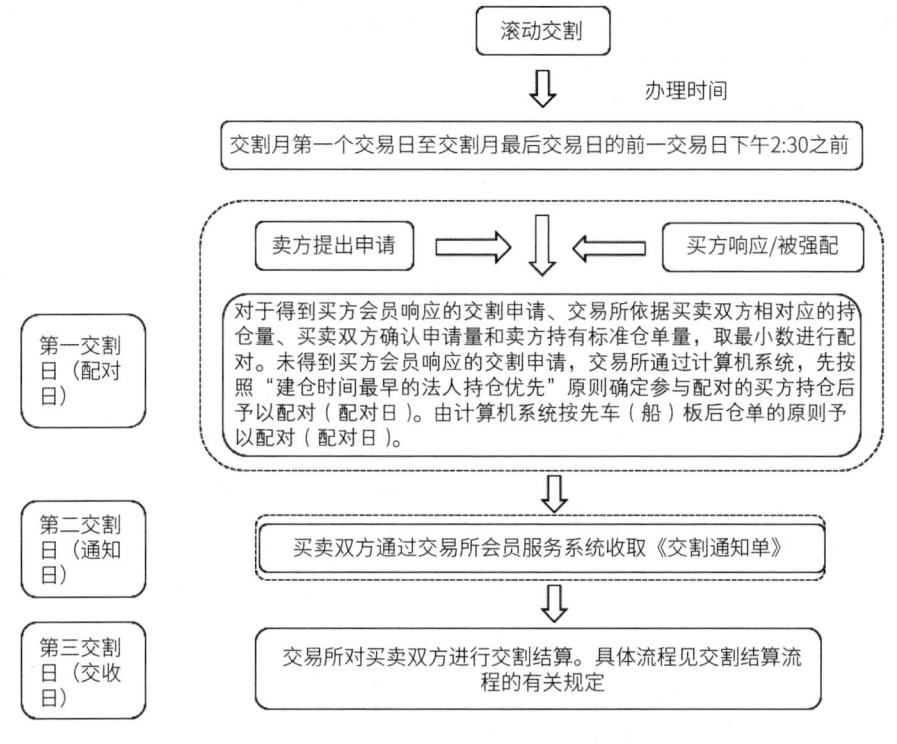

图 4-3 滚动交割流程

船板为界,实现货物的所有权和风险转移,各自承担对货物的数量、质量责任。

(四)期货转现货

期货转现货(简称"期转现")是指持有同一交割月份合约的多空双方之间达成现货买卖协议后,变期货部位为现货部位的交易。期转现分为标准仓单期转现和非标准仓单期转现。标准仓单期转现根据标准仓单类型分为完税标准仓单期转现和保税标准仓单期转现(简称"保税期转现")。《郑州商品交易所保税交割实施细则》对保税期转现具体流程是有规定的,按照其规定执行。花生期货主要有完税标准仓单期转现和非标准仓单期转现。

期转现过程(见图 4-4):达成期转现协议的双方共同向交易所提出申请,获得交易所批准后,分别将各自持仓按双方达成的平仓价格由交易所代为平仓（现货的买方在期货市场应当持有多头部位，现货的卖方在期货市场应当持有空头部位）。同时双方按达成的现货买卖协议进行与期货合约标的物种类相同、数量相当的现货交换。期货合约自上市之日起到该合约最后交易日期间，均可进行期转现。

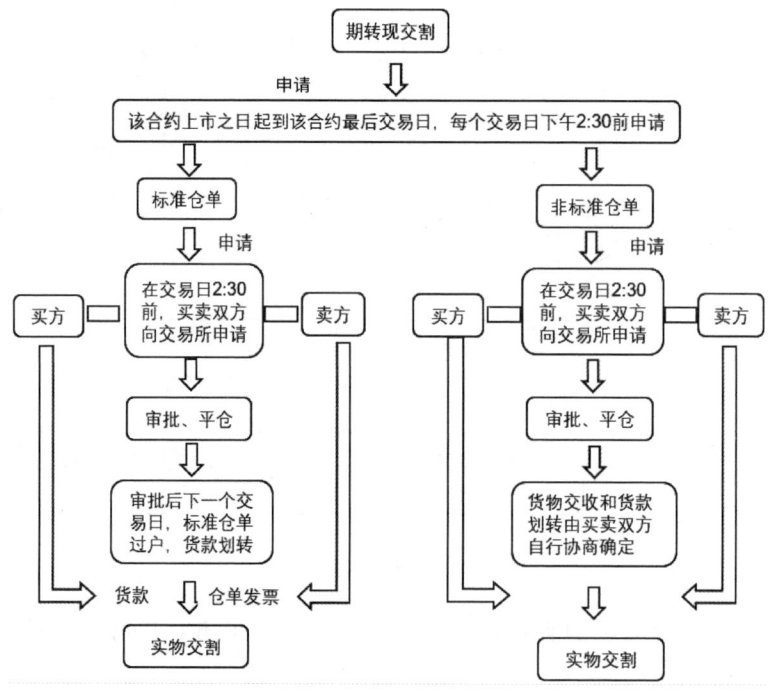

图 4-4 期货转现货交割流程

五、标准仓单是如何生成的？

根据花生现货市场流通、加工及贸易习惯，花生期货采用"车（船）板+厂库"的交割方式。厂库标准仓单的生成，包括厂库申请注册及交易所办理注册等环节（见图 4-5）。

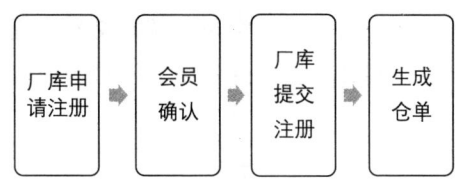

图 4-5　厂库仓单注册业务流程图

资料来源：郑州商品交易所。

厂库仓单注册注意事项：

（1）客户注册。非期货公司会员或客户与厂库结清货款等费用后，厂库通过交易所仓单系统提交仓单注册申请。花生厂库仓单按照基准品等级进行注册。

（2）信用担保。厂库申请仓单注册，必须提供交易所认可的银行履约保函、现金或交易所认可的其他支付保证方式。

（3）担保金额。厂库提交的保证金数额按照最近交割月合约前一交易日结算价计算。

（4）注册时间。厂库最迟应当在合约交割月最后交易日前三个交易日下午3时前提交仓单注册申请。厂库提交的支付保证方式符合规定的，交易所可在自厂库提出仓单注册申请之日起3个工作日予以注册。

（5）调整数额。当商品市值发生较大波动，交易所可要求厂库调整银行履约保函、现金或交易所认可的其他支付保证方式数额。

 六、标准仓单可以流通吗？如何流通？

花生期货标准仓单主要是厂库仓单，是厂库按照交易所规定的程序提交仓单注册申请后，经交易所注册，可用于证明货主拥有实物或者可予提货的财产凭证，属于完税标准仓单。根据规定，标准仓单可以流通。标准仓单流通是指标准仓单用于在交易所履行合约的实物交割，标准仓单的交易及标准仓单在交易所外转让。客户可以通过会员系统在交易所通过计算机系统办理标准仓单的注册、交割、转让、充抵保证金和注销等业务（见图4-6）。

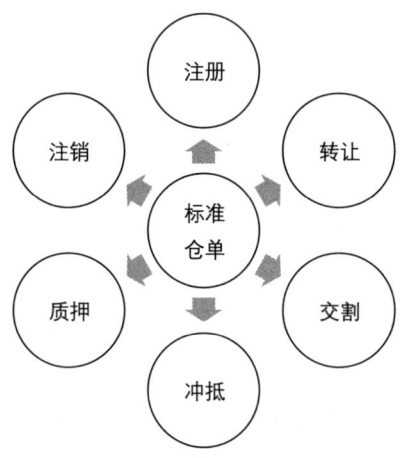

图4-6　标准仓单流通环节

七、标准仓单如何注销提货？

标准仓单注销出库是指标准仓单合法持有人通过会员（期货公司）到交易所办理标准仓单退出流通手续，到仓库（厂库）提货的过程。标准仓单注销流程见图4-7。

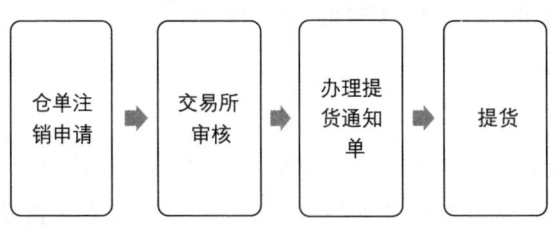

图4-7　标准仓单注销流程

资料来源：郑州商品交易所。

仓单注销注意事项：

（1）注销提货。客户委托会员根据各仓库实际仓单数量，选择一个或几个仓库提货。

（2）开出提货单。交易所审核注销、开具提货通知单后，会员或客户应及时编制提货通知单验证密码。

（3）提货。交易所开出提货通知单之日起10个工作日，持有人应当凭提货通知单验证密码、提货人身份证、提货人所在单位证明到仓库办理提货手续（确认商品质量、确定运输方式和发货计划、预交各项费用）。

（4）逾期处理。逾期未办理相关手续的，按现货提货单处理，仓库不再保证全部商品质量符合规定标准。厂库不再保证按期货规定承担日发货速度等责任，具体提货事宜由货主与厂库自行协商。

（5）其他规定详见《郑州商品交易所标准仓单及中转仓单管理办法》。

八、生成后的标准仓单有有效期吗？到期仓单如何处理？

郑州商品交易所关于花生标准仓单有效期的规定（见图4-8）：

仓单有效期：每年1月、4月第15个交易日（不含该日）之前注册的厂库标准仓单，应当在当月的第15个交易日（含该日）之前全部注销，每年4月第15个交易日至8月最后一个交易日（含该日）不受理花生厂库标准仓单注册申请。标准仓单到期后，全部注销，转为现货，符合交割标准的现货可以在规定时间内再度注册标准仓单。

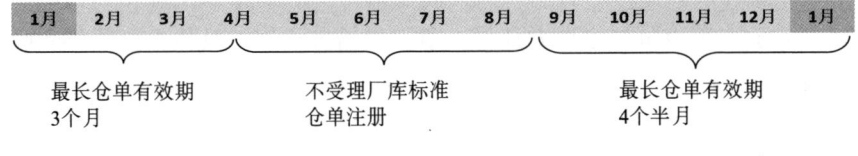

图4-8 花生仓单有效期

九、交割费用都有哪些？

交易所详细规定了交割手续费、检验费、仓储费、出入库费用，客户在郑州商品交易所进行期货交割的费用包括：

卖方注册仓单费用＝检测费＋入库费＋仓储费＋交割费＋交易费

买方交割接货费用＝出库费＋仓储费＋交割费＋交易费

（一）标准仓单仓储费标准

指定花生交割厂库收取仓储费用标准为0.6元/吨·天。

（二）车（船）板交割服务机构出入库等服务费标准

入库费15元/吨，出库费15元/吨，配合检验费10元/吨，临储费0.6元/吨·天。上述车（船）板交割服务费由卖方客户根据实际发生情况直接交付给车（船）板交割服务机构。

（三）交割手续费、仓单转让手续费、期转现手续费收取标准

花生期货交割手续费、仓单转让手续费、期转现手续费收取标准为0.5元/吨。

（四）质检项目及收费标准

花生出库时，客户可针对检验项目中的一个、多个或全部指标提出质检申请，相关费用由争议申请方预付，争议过错方承担。具体检验项目和收费标准见表4-3。

表 4-3　　　　　　　　花生质检项目及收费标准

检测项目	单项费用（元）
色泽、气味	150
杂质	300
水分	150
酸价	200
霉变粒	150
筛上筛下率	150
粗脂肪（含油率）	150
合计	1250
其他卫生指标	按质检机构收费标准计收

注：每 30 吨抽一个样，不足 30 吨按 30 吨计，抽包率 5%，样品量不少于 5 千克。

十、用于交割的花生要提供哪些标识和证明？

用于期货交割的花生现货，没有对花生品种、产地提出明确要求，花生包装应采用塑料编织袋。单包装载花生重量 50kg ± 2kg，且单个包装物重量不得超过 125g。同一客户同一批次交割的花生包装要求规格统一。

十一、为什么要进行厂库交割？

一直以来，国内商品期货的交割都采用仓库交割的方式，即以实物对应仓单作为交割的有效凭证。但是仓库交割包括交割预报、商品入库、验收、指定交割仓库签发、交易所注册等环节，厂库交割只包括厂库签发和交易所注册等环节。两者相比,厂库交割省去了交割预报、商品入库、验收三个环节。另外,仓库交割储藏货物过程中,容易产生质量品质变化,与现货贸易实际脱节,制约期货品种发展规模。厂库仓单的意义在于突破事物对应仓单的局限,以仓库信用仓单的方式解决商品期货与现货脱节的问题,从而有效地实现对接和解决商品储存的质量问题。

十二、厂库交割时,货主如何监督出库商品的数量和质量?

花生出库时,厂库向货主提供符合交割标准的"产品质量证明书",货主可到场查验货物质量,厂库应当予以配合。产品质量证明书中的质量指标,作为双方自行结算升贴水的处理依据,相应的增值税专用发票由厂库向货主开具。用于质量验收的样品应当由买卖双方按照国家相关标准及交易所有关规定共同扦取,就地分为两份,任选一份供买方使用;另一份由双方共同签字封样,由厂库保管,作为发生质量争议时的复检样品。

十三、交易所对交割争议是如何处理的?

货主或厂库对交割商品重量、质量有异议的,首先与厂库协商解决。协商不成的,可向交易所申请一次复检,并预交复检及相关费用。

未在规定时间内提出异议的,视为确认出库商品的重量或质量。重量异议,应在货物出库前或交货时提出;质量异议:花生应在货物出库前提出。

花生复检样品仅限于保留样品,复检结果为解决争议的依据。

交易所不受理超出规定时间的交割商品的质量复检,不承担由此产生的一切责任。

复检结果符合交割规定的，复检及相关费用由复检申请方承担。花生复检结果确定的酸价或霉变粒指标所在升贴水区间低于或等于产品质量证明书中的升贴水区间的，或含油率指标所在升贴水区间高于或等于产品质量证明书中的升贴水区间的，分别以产品质量证明书中的酸价、霉变粒、含油率为准，由此产生的复检及相关费用由货主承担；复检结果确定的酸价或霉变粒指标所在升贴水区间高于产品质量证明书中的升贴水区间的，或含油率指标所在升贴水区间低于产品质量证明书中的升贴水区间的，分别以复检结果确定的升贴水区间为准。复检结果仍在交割标准允许范围内的，货主应当接受，由此产生的一切费用和责任由厂库承担。

复检结果不符合交割规定的，复检及相关费用由厂库承担。由此造成的损失由厂库与货主协商处理，双方协商无法达成一致的，厂库应承担赔偿责任，赔偿金额＝该品种期货最近交割月最高交割结算价×复检不符合交割规定的商品数量×120%，对应的货物归厂库所有。

十四、交易所对交割违约的处理是如何规定的？

交割违约是指在规定期限内，卖方未能如数交付标准仓单或未能如数交付实物的；买方未能如数解付货款的；车（船）板卖方交割的货物质量不符合交割质量规定的；以及交易所认定的其他违约行为。

构成交割违约的，由违约方支付违约部分合约价值（按交割结算价计算）20%的违约金给守约方。买卖双方终止交割。

计算买方交割违约合约数量时，交易所应对违约部分预扣合约价值20%的违约金。

计算卖方交割违约合约数量的公式为：卖方交割违约合约数量（手）＝[应交标准仓单数量（张）－已交标准仓单数量（张）]×交割单位÷交易单位

计算买方交割违约合约数量的公式为：买方接到的仓单为完税标准仓单的，买方交割违约合约数量（手）=（应交货款－已交货款）÷（1－20%）÷（交割结算价＋包装物单价）÷交易单位

买卖双方同时违约的，交易所按终止交割处理，并对双方分别处以违约部分合约价值5%的罚款。会员发生部分交割违约时，违约会员所接标准仓单或者所得货款可用于违约处理。

自测题

一、单项选择题

1. 在期货交易中，买卖双方均需要交纳保证金，并随着（ ）的临近所缴纳的保证金比例逐渐增加。

   A. 最后交易日　　　　　　B. 最后交割日
   C. 合约上市日　　　　　　D. 合约到期日

2. 花生期货交割标准品质量标准规定基准交割品的含油率为（ ）。

   A. 45.0%≤含油率（以湿基计）＜46.0%
   B. 43.0%≤含油率（以湿基计）＜44.0%
   C. 44.0%≤含油率（以湿基计）＜45.0%
   D. 46.0%≤含油率（以湿基计）＜47.0%

3. 花生期货价格方式是（ ）。

   A. 期货转现货、滚动交割、集中交割
   B. 期货转现货、滚动交割、厂库交割
   C. 滚动交割、集中交割、厂库交割
   D. 期货转现货、集中交割、厂库交割

4. 标准仓单是指由（ ）指定的，交易所指定（ ）按照交易所规定程序签发的，符合期货质量标准的实物提货凭证。

   A. 期货监管机构，交割仓库　　B. 期货交易所，交割仓库
   C. 交割仓库，交割仓库　　　　D. 交割仓库，期货监管机构

5. 客户必须在交易所开出提货通知单之日起（   ）个工作日，持有人应当凭提货通知单验证密码、提货人身份证、提货人所在单位证明到仓库办理提货手续（确认商品质量、确定运输方式和发货计划、预交各项费用）。

A. 5　　　　　　　　　　B. 10

C. 15　　　　　　　　　　D. 20

6. 郑州商品交易所关于花生标准仓单注销提货日期的规定：仓单有效期是（   ）。

A. 每年1月、4月第15个交易日（不含该日）之前注册的厂库标准仓单，应当在当月的第15个交易日（含该日）之前全部注销，每年4月第15个交易日至8月最后一个交易日（含该日）不受理花生仁厂库标准仓单注册申请

B. 每年1月、3月第15个交易日（不含该日）之前注册的厂库标准仓单，应当在当月的第15个交易日（含该日）之前全部注销，每年4月第15个交易日至8月最后一个交易日（含该日）不受理花生仁厂库标准仓单注册申请

C. 每年1月、4月第20个交易日（不含该日）之前注册的厂库标准仓单，应当在当月的第15个交易日（含该日）之前全部注销，每年4月第15个交易日至8月最后一个交易日（含该日）不受理花生仁厂库标准仓单注册申请

D. 每年1月、4月第15个交易日（不含该日）之前注册的厂库标准仓单，应当在当月的第20个交易日（含该日）之前全部注销，每年4月第15个交易日至8月最后一个交易日（含该日）不受理花生仁厂库标准仓单注册申请

7. 卖方注册仓单并交割的费用为（   ）。

A. 检测费＋入库费＋交割费＋交易费

B. 检测费＋出库费＋仓储费＋交割费＋交易费

C. 检测费＋入库费＋仓储费＋交割费＋交易费

D. 检测费＋入库费＋仓储费＋交割费

8. 花生期货交割手续费为（   ）。

A. 0.5 元/吨 B. 0.6 元/吨

C. 10 元/吨 D. 15 元/吨

9. 花生厂库日发货速度不得低于（   ）规定的标准，也就是说，厂库必须保证每天向货主提供不低于日发货速度所规定的花生数量，以保证货主能够及时取得所需的货物，维护货主利益。

A. 期货交易所 B. 货主

C. 双方协商 D. 期货监督机构

10. 花生期货合约车（船）板交割最后交割日为（   ）。

A. 合约交割月月份的第 13 个交易日

B. 合约交割月月份的第 10 个交易日

C. 合约交割月份的次月 10 日

D. 合约交割月份的次月 13 日

二、判断题

1. 花生期货合约最后交割日规定。仓单交割：合约交割月月份的第 13 个交易日，车（船）板交割：合约交割月份的次月 10 日。（   ）

2. 进入交割月，只有持有标准仓单和交割月单向卖持仓的客户才可以委托会员提出滚动交割申请。（   ）

3. 厂库仓单的生成需要厂库签发及交易所注册环节，还需要进行交割预报、入库检验和复检。（   ）

4. 花生期货交割环节因货物原因提出异议时，如果是重量异议，应在货物出库前或交货时提出；如果是质量异议，花生应在货物出库前提出。

（   ）

5. 厂库最迟应当在合约交割月最后交易日前三个交易日下午 3 时前提交仓单注册申请。厂库提交的支付保证方式符合规定的，交易所可在自厂库提出仓单注册申请之日起当即予以注册。（   ）

6. 用于期货交割的花生现货，必须对花生品种，产地提出明确要求，花生包装应采用塑料编织袋。单包装载花生重量 50kg±2kg，且单个包装物重量不得超过 125g。同一客户同一批次交割的花生包装要求规格统一。

（   ）

7. 花生进行车（船）板交割时，要求公示信息包括：含油率、酸价、霉变粒、车（船）板交割服务机构、货物数量等。（ ）

8. 期货合约自上市之日起到该合约最后交易日期间，均可进行期转现。（ ）

9. 厂库提交的保证金数额按照最近交割月合约当天交易日结算价计算。（ ）

参考答案

一、单项选择题

1. B   2. A   3. A   4. B   5. B
6. A   7. C   8. A   9. A   10. C

二、判断题

1. √   2. √   3. ×   4. √   5. ×   6. ×   7. √   8. √   9. ×

第五章

普通投资者如何参与花生期货

本章要点

经过前些章节的介绍，想必已经对花生期货具备全面的了解。当掌握理论，普通投资者就具备初步的信心参与到花生期货市场之中。接下来的章节，讲述普通投资者如何参与到花生期货市场。

 一、花生期货市场上有哪些投资者？

根据进入期货市场的目的不同，期货投资者可分为套期保值者和投资者。套期保值者通过期货合约买卖活动以减小自身面临的、由于市场变化带来的现货市场价格波动风险。投资者是指运用一定资金通过期货交易以期获取投资收益的投资者。

按照投资者是自然人还是法人划分，可分为个人投资者和机构投资者。参与期货交易的自然人就是个人投资者；与自然人相对的法人投资者可称为机构投资者。

按照交易量的大小，可以分为大投资者与小投资者。大投资者的资金实力比较雄厚，交易量巨大，相应来说对期货价格的影响程度也较高；小投资者资金量小，交易量不大，对价格的影响小。为了防止大投资者操纵市场，防止价格波动发生异常，期货交易所对市场中的大投资者通常有一定的制约措施。首先，交易所对大投资者有限仓制度。对于某一个期货合约，交易所规定某一投资者的持仓不能超过该合约总持仓的10%；而花生期货直接规定自合约挂牌至交割月前一个月15个日历日期间的交易日限仓标准为3000手，进入交割月份的花生期货合约非期货公司会员和客户持仓不能超过100手（套期保值交易头寸实行审批制，其持仓不受限制）。其次，交易所还有大户报告制度。当某一投资者的持仓量达到交易所规定的限仓标准的80%时，交易所就要求该投资者报告持仓情况、资金情况等，以供交易所审查。交易所规定的限仓制度和大户报告制度，是保护期货市场中小投资者的重要措施之一。

按照交易部位区分，投资者可以分为多头投资者和空头投资者。交易者在期货市场上买卖合约的方向不同，其所处的交易部位就不同。对于花生期货价格看涨的投资者，就会买进期货合约，是多头投资者；对于花生期货价格看跌的投资者，会卖出期货合约，被称为空头投资者。当然，一个投资者可能在不同的期货品种、不同的期货合约上买进或卖出，如在买入近月花生期货合约的同时卖出远月花生期货合约，既是多头投资者，也是空头投资者。另外，在不同的时间段，投资者可能做多头，也可能做空头，如在花生期货价格出现波段性行情时，投资者可能会在相对低点买入而在相对高点时卖出。

按照投资者持有合约时间的长短，可分为趋势交易者、当日交易者。所谓趋势交易者，又称部位交易者、头寸交易者，这一类投资者在买进或卖出期货合约后，通常持有合约数日或数周、数月以上，等价格出现有利变化时，再将合约平仓。花生期货价格波动呈现趋势性的特点，由于花生的种植和收获具有季节性，花生期货价格的波动也带有季节性的特征。每年花生现货价格都有1—2次中级行情，投资者可以利用花生期货价格波动的季节性特征从事趋势交易，以获得较高的投资收益。当日交易是短线交易。当日交易者是指持有合约的时间为一天，即当天买进并卖出的交易者，他们只关心当日行情的变化，随时将期货合约平仓，一般是在对商品价格趋势不确定时采用的方法。

二、如何把握期货市场的机会？

期货市场中时时刻刻都存在机会。而在价格的不断变化过程中，如何把握和抓住交易机会对投资者至关重要。往往刚刚进入市场的投资者或是利用技术分析的，或者使用其他方法，都在寻求一条捷径，一套稳赚不赔的方法。事实上，适合别人的操作方法，照搬过来并不一定管用，只有不断地摸索和积累交易经验，才能够离成功越来越近。我们做交易的目的就是把握趋势，盈利的前提条件就是趋势必须要判断准确。而各个品种的影响因素不同，交易机会也是不同的。对于花生期货而言，总体的趋势可以分为长期趋势、中期趋势和短期趋势。下面，我们把影响花生价格的主要因素进行归类，投资者可依次来判断哪些因素影响价格的长期趋势、中期趋势、短期趋势，并可根据不同阶段对价格产生不同的影响而调整操作策略。

第一，长期趋势是由经济、金融因素等大环境决定的。如通货膨胀、美元的贬值、经济的衰退等。第二，是供求关系，花生商品的供求关系决定了商品的中期趋势。例如，花生因为天气原因减产，价格上涨了，第二年播种面积马上就会大幅增加。只要天气一好转，生长状况良好，最终丰收，价格便会下跌。第三，是投机力量起到推波助澜的作用。

这三种方式如果运用得当，基本就会把握好整体价格的走势。当长期、中期、短期因素的利好或利空同时出现时，一定会出现超级行情。举例来说，在影响价格的因素中，通货膨胀已经出现，利好价格，而花生又是减产的，长期因素和中期因素方向一致。这个时候投机力量一定也是看涨的，主力往往会持有大量的多单，经历过2008年金融危机后，全球为挽救下滑的经济，不断注入流动性，价格通从4000元/吨上涨至12000元/吨，当第一因素和第二因素出现矛盾时，第三因素决定方向。如一波行情启动是因为通货膨胀的因素导致的，那么什么时候通货膨胀结束，价格也结束上涨。

为了便于投资者能够更好地对这种方法进行应用，我们结合历史行情（见图5-1）来看一下案例5-1。

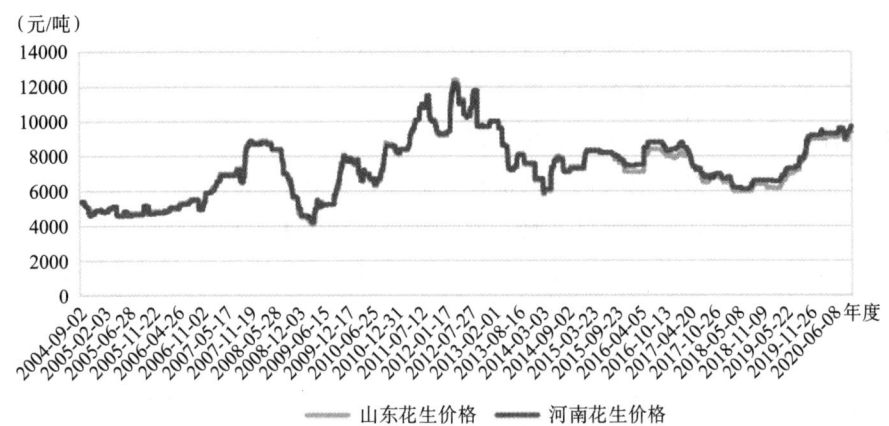

图5-1 花生行情

数据来源：国家粮油信息中心。

案例5-1

以2006—2013年花生价格走势为例。花生价格经历了两轮暴涨暴跌行情。2006年10月至2008年5月，受全球经济过热和通货膨胀的影响，花生价格持续大幅上涨；但在2008年金融危机爆发后，花生价格快速下跌，并且降至低于价格上涨前的水平；价格下跌导致农户种植积极性下降，花生种植面积和产量下降，导致花生供需偏紧，价格开始上涨，在此期间，国家出台大豆和油菜籽托市收购政策，并不断提高托市收购价格，进一步推动了花生价格的上涨幅度；花生价格的持续大幅上涨，刺激农户种植积极性不断提高，花生供应量不断增加，供需开始呈现过剩的局面，导致花生价格从高位回落。我们可以看到，三种因素在2008年下半年同时转向利好，才出现了

2009—2012年的超级牛市大行情。

 三、如何增强普通投资者交易成功的效果？

期货市场是一个充满风险和机会的投资场所，作为成熟的交易者，除了了解期货市场的基本原理和特点之外，还要有相当丰富的期货交易技巧，才能够在期货交易中把握时机，获得收益。为了交易成功，普通投资者必须做好三件事：资金管理、预测价格、制订计划。

正确预测价格是成功投资的前提。商品价格是变化的，盈利和亏损就在这些波动中发生。商品价格是真实的，它是市场供求力量的反映，因而才有均衡价格。因此，期货投机成功的核心是预测价格。市场作为一个整体对价格进行预测，当前价格则是市场参与者的综合预期。投资者正是利用别人的判断失误而获利，由于自身的判断错误而亏损。不同类型的投资者运用不同的预测模式。短线交易者关注的是下一个价位跳动，下一个指令的方向，而趋势交易者就不一样，他关心的是1个月或3个月的中长期趋势。每一种预测模式都要求不同形式的交易和不同的资金管理方法。每个投资者都应该了解自身的预测技巧以及限度。

影响商品期货价格的因素很多，所有的价格预测都是不确定的，但是确定性水平是有程度区分的。必须对确定性水平进行评估，并把它与交易中的资金分配联系起来。这种预测和资金管理的相互影响需要每一位投资者极为耐心的关注。

期货交易是一项风险性很高的投资行为，制订合理的交易计划是每一个投资者都必须做的。一个妥善的交易计划主要包括自身财务抵御风险的能力，所选择的交易商品交易的盈利目标和亏损限度、该商品的市场分析、该交易的入市时机等。投资者自身的财务状况决定了其所能承受的最大风险，一般来讲，期货交易投资额不应该超过自身流动资产的50%。不同的商品期货合约的风险也是不一样的，投资者入市之初应当选择成交量大、价格波动相对温和的期货合约,然后熟悉这个期货品种,做到对这个品种有非常透彻的了解。在进行期货交易之前,必须认真分析研究,对预期获利和潜在风险作出较为明确的判断和估算,应对每一笔计划中的交易确定利润风险比,通用的标准是 3:1。也就是说,获利的可能应是 3 倍于潜在的亏损。在具体操作中,除非出现预先判断失误的情况,一般应按照计划执行,切忌由于短时间的行情变化而仓促改变原定计划。同时,还应将可损限足在计划之内,特别是要善于止损,防止亏损进一步扩大。分析商品价格走势时,时刻要注意把握市场的基本走势,这是市场分析的关键。许多投资者容易根据自己的主观愿望去猜测行情:市场行情在上升的时候,却去猜想行情应该到顶了,强行抛空;而在行情明显下降时,却认为价格会反弹,贸然买入,结果越跌越深。只有当投资者的预测与市场的走势一致,才能认为投资者的预测是正确的。因此,正视现实、跟着市场走和顺势而为,是投资者应该始终坚持的原则。在对商品的价格趋势做出预估后,就要慎重地选择入市时机。有时虽然对市场的方向做出了正确的判断,但如果入市时机选择错误,也会蒙受损失。在选择入市时机的过程中,应特别注意使用技术性分析方法,顺应中期趋势的交易方向,在上升趋势中逢低买入,在下降趋势中逢高卖出。总之,期货交易并非迅速致富的坦途,它是一条结合了资金、精力和技巧的艰苦道路,当然它能给投资者带来的收益也会比一般的投资方式高。

延伸阅读

普通投资者如何建立交易体系?

如果投资者有足够的时间和精力,并期望对交易取得成功,可以尝试建立自己的交易体系。这是一个庞大的体系,里面具体可分为信息系统、分析系统、交易系统、风控系统、评估系统。这些系统中的各个子系统有着不同的功能。

信息系统主要是采集信息和甄别信息。每天市场中都有大量的信息出现。信息也可分为三类:第一类是付费信息,如一些国内外知名网站的信息，相比之下，我们国内目前的信息价格非常低，没有体现出应有的价格和重要性，一条信息可能导致出现上千万的盈亏，很多大型企业每年收入上亿元却舍不得花几千元去购买，说明对信息的重视程度不够，更意识不到这些信息需要付费获得而不是免费获得；第二类为公开类信息，也指媒体信息，网站、报纸、刊物等都可获得；第三类是指坊间传闻或叫"小道消息"，一般是在行业内私下传递。在这些信息中，哪些能给价格带来影响，哪些是无关紧要甚至是虚假的信息，都需要在信息系统中做出判断。

分析系统，就是对所有的信息可能对价格带来什么样的变化作出判断。例如，影响花生价格的信息超过100种，在这100多种信息中每天有几十条甚至上百条信息出现。如果某一天有新的信息30条，利好的占20条，而利空的占10条，那么价格就一定上涨吗？并不一定，甚至可能会下跌，因为这些信息影响价格的权重不一样，有的信息并不那么重要。所以，分析系统是要对这些信息做出判断，从而形成交易策略。

在做完分析之后，进入交易环节。交易系统并不是分析完之后看涨，然后就买了，没有这么简单。而是把每次交易都作为一个战役去打，因此要有一套作战方案，也就是投资计划书。如投入资金是100万元，这些钱怎么去买，先买20%、30%还是更多或建仓的区间是什么价格，止损是多少，这次投资的风险收益比是多少。如果这些因素全部具备，下一步就是按照计划执行了。我们在制订交易计划和方案的时候是经过深思熟虑的，最后出现不好的结果恰恰是因为执行度不够。严格执行交易计划是成功者必备的条件。

接下来需要做的是建立自己的风控体系，如止损。在交易计划中，止损设立的是总资金10%，一旦亏损程度达到了止损条件，则不考虑任何理由，坚决执行。这是不可改变的原则性问题，因为止损是投资者的最后一道保护防线。

最后是评估体系，这是对每笔交易做出分析。通过分析发现，中长线单子大部分是赚钱的，而短线是亏损的，因此，该投资者就应多参与

第五章　普通投资者如何参与花生期货　79

中长线的投资。又如，一个投资者每天的交易中第一笔单子往往是赚钱的，而第二或第三笔是亏损的，这就说明他在交易第一笔单子之前是经过深思熟虑的，甚至是前一天晚上就已经开始研究第二天价格走势，而随后做的单子则是追涨杀跌，三秒钟内的决定，这位投资者的诊断结果就是每天少做交易，以第一笔交易为主。评估体系是投资者长期积累的一个过程，同样是通往成功之路的前提条件。

　四、花生期货的套利方式有哪些？

花生期货的套利主要有三种方式，即跨期套利、跨市场套利和跨品种套利。

（一）跨期套利

跨期套利又称跨交割月套利、跨月套利。投资者在同一市场利用同一商品不同交割期之间的价差变化，买进某一交割月份期货合约的同时，卖出另一交割月份的同类期货合约以谋取利润的活动，就是跨期套利。这是一种最为常用的套利方式。根据前面介绍，花生期货最长仓单有效期为4.5个月，合约有1月、3月、4月、10月、11月、12月合约，仓单可以在3—4月、10月—次年1月合约之间进行任意两个月份之间的正向无风险跨期套利。例如，如果你注意到10月份花生和11月份花生价格的差超过正常的持仓成本，即正常的交割、仓储费、资金利息等，那么你可以考虑买入10月份花生合约的同时卖出11月份花生合约。随后，当10月份花生与11月份花生合约的价差缩小时，你就能从价格差异的变动中获得一笔收益。跨月套利与商品绝对价格无关，你需要关注的仅仅是不同交割月合约之间的价差变化趋势。

（二）跨市场套利

跨市场套利又称跨市套利，是指投资者利用同一商品在不同交易所的期货价格的不同，在两个交易所同时买进和卖出期货合约以谋取收益的行为。当同一种商品在两个交易所中的价差超出了将该商品从一个交易所的交割仓库运送到另一交易所的交割仓库的费用时，可以预计，该商品在这两个市场上的价差将会缩小并在未来某一时刻回归到正常的跨市交割成本范围之内。目前，花生期货进口量少，没有外盘指引，更多的是关注国内市场，跨市场套利相对操作空间较小。

（三）跨品种套利

跨品种套利又称跨商品套利，是指利用两种不同的，但是互相关联的商品之间的期货价差进行套利，买入（卖出）某一交割月份某一商品的期货合约，同时卖出（买入）另一种相同交割月份、另一关联商品的期货合约。跨商品套利必须具备以下条件：一是两种商品之间应具有关联性与互相替代性；二是交易价格受相同的一些因素制约；三是买进或卖出的期货合约通常应在相同的交割月份。在某些市场中，一些商品的关系符合真正套利的要求。如在油脂油料中，花生下游的花生油与豆油和棕榈油之间的价差联系，来做花生期货与替代品油脂之间的跨品种套利。

五、农户如何利用期货市场稳定收入？

我国是花生的第一大主产国和消费国，花生也是国内主要的油料来源之一，不但为国内提供了油脂的有效供给，而且给农户提供了种植收益。近年来，国内花生价格呈现大幅波动趋势，农户与产业经营主体面临较大的价格风险，急需价格风险管理工具。此外，国际局势纷繁复杂，花生作为我国重要的油料作物对保证我国油脂油料安全有着重要战略意义，在频繁波动的价格面前，也急需管理价格风险、稳定生产经营的金融工具。

花生期货的上市为产业提供了风险管理的工具，也为种植端的农户稳定收入提供了有力保障。花生种植也将从传统的农业向订单农业过度，进一步向期货农业发展。过去农民依靠感觉、经验、随大流的种地卖粮习惯和经营模式正在发生转变；政府对农业生产的指导也由单纯重生产向生产和市场并重的方向转变；在市场价格的引导下，农民和企业联系更为紧密，农业生产的组织化程度正在提高。

花生种植农户作为自然人主体，无法直接参与最后的交割环节，但是可以利用期货工具参与花生价格波动风险管理，可以远期期货价格指导种植生产，同时可以通过场外衍生品市场来提前锁定未来的种植收益，也就是我们经常提到的"期货+保险"模式。

农户可以利用花生期货的价格发现功能，利用远期合约价格的走势判断未来现货价格的走势，来指定种植规模、种植模式、种植品种和销售方式。

如"期货+保险"模式，主要包涵期货风险管理子公司、保险公司、农户（见图5-2）。其中，农户用很少的保费向保险公司购买一个价格保险，当期货价格低于约定价格时，保险公司按照实际价差对农户进行赔偿，高于约定价格时，不予赔付，而保险公司再将保费的大部分购买风险管理子公司的场外期权，对价格进行再保险，当发生理赔时，风险管理子公司赔付给保险公司，保险公司赔付给农户。这个模式相对简单直接，能够规避价格下跌带来的收益减少风险，但是不能解决农户卖粮难的问题，需要进一步完善。

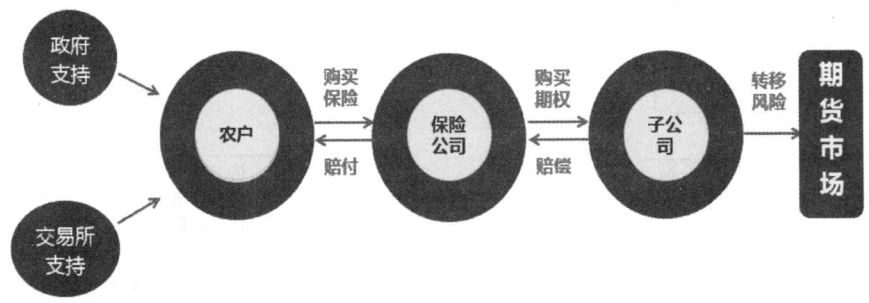

图5-2 "期货+保险"流程

六、农民如何把订单与期货有效结合起来?

花生期货上市,也将为订单农业保驾,后期随着花生期货市场不断的发展成熟,花生期货在服务"三农"中的作用日益受到重视,国家和政府应该积极引导市场主体开展多种形式的合作,随着市场主体参与期货市场程度不断加深,逐渐探索出"公司+合作社+农户+订单+期货"的合作模式,锁定原料的同时,通过期货市场套期保值锁定农产品销售价格,为稳定企业经营业绩,提高农户收入,促进农业产业化发挥了重要作用。"公司+合作社+农户+期货+订单"模式主要包含涉农企业、合作社和订单农户三大主体,其中涉农企业在合作中占据主导地位。涉农企业牵头成立专业合作社,通过合作社与农户签订订单,锁定资源,避免了直接面对数量众多、情况不一的农户;同时,积极参与期货市场,利用期货市场价格信息作为经营决策参考,并通过期货市场套期保值管理原料或产品价格风险。合作社作为连接企业和农户的桥梁,一方面在播种前和农户签订订单,并通过盈余返还、股金分红等措施降低农户违约风险,为企业获得资源;另一方面通过向入社农户提供信息指导和技术服务,促使农户标准化生产,提高农产品质量。农户则在种植前与合作社签订订单,确保了农产品的销路和最低销售价格,获得稳定的收入。具体流程见图5-3。

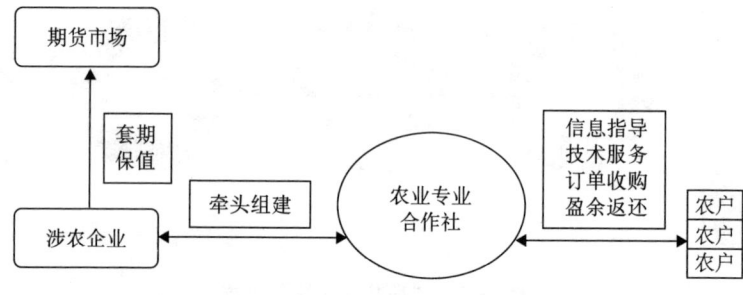

图5-3 "公司+合作社+农户+期货+订单"流程

七、农户与普通投资者参与期货市场的区别？

作为季产年销的农产品，更多的是看供给，生长周期内的天气影响因素较大，如果在花生生长期间"风调雨顺"，农民可以获得丰收。花生供应增加，价格会下跌。这时，种植花生的农民因"多收了三五斗"，不得不低价卖花生，收入可能出现下降。面对这种情况，农民需要利用期货市场来稳定收入。而普通投资者参与期货市场主要是为了谋取利益。所以，农户与普通投资者参与期货市场存在以下几方面的区别：

（一）参与目的不同

农户参与期货市场的目的是为规避价格风险，是在进行现货交易的同时，做相关的期货交易。而普通投资者采取投机交易是以较少资金获取较大利润为目的，不希望占用过多自己的资金或支付较大费用。

（二）风险承受能力不同

投机交易是以投机者自愿承担价格波动风险为前提进行的期货投机交易，风险的大小与期货投机收益的多少有着内在的联系，投机者通常为了获得较高的收益，在交易时要承担很大的风险；而农户则是价格的风险转移者，其交易目的就是为了转移或规避市场价格风险。

（三）交易对象不同

期货投机交易主要是以期货市场为对象，利用期货合约的价格波动进行买卖而赚取利润的交易活动。投机者一般不做现货交易，几乎不进行实物交割。而农户则是以现货和期货两个市场为对象。

（四）操作方向不同

在操作上，种植花生的农民主要是在期货市场进行卖出操作，而普通投资者不分方向，买入、卖出都进行。

八、普通投资者能否参与花生期货的实物交割？

根据《郑州商品交易所期货交割细则》的规定，普通投资者客户不允许进行交割。花生期货采用实物交割。实物交割是指交易双方按照合约和规则的规定通过该期货合约所载商品所有权的转移，了结未平仓合约的过程。《郑州商品交易所期货交割细则》同时规定，自进入交割月第一个交易日起，自然人客户不得开新仓，交易所有权对自然人客户的交割月份持仓予以强行平仓。最后交易日结束后，个人客户交割月份合约的持仓仍未能平仓的，首先由会员代为履约，会员仍未能履约的，则按照《郑州商品交易所期货交易风险控制管理办法》中有关规定执行。

以上规定意味着普通自然人投资者需要在交割月前的最后一个交易日对所持有的头寸进行平仓，即某一期货合约交割月前一个月的最后一个交易日收盘后，普通自然人客户花生交割月期货合约的持仓应当为0手。

案例 5-2

某一客户持有100手在2021年10月到期交割的花生期货合约，那么该自然人客户必须在2021年9月30日收盘前对这100手合约全部平仓。9月30日收盘以后，该自然人客户持有的花生2110合约应该为0手。如果该自然人客户进入10月后仍持有花生期货2110合约的头寸，则交易所会对该自然人客户持有的头寸强制平仓，强制平仓所带来的损失由个人客户自行承担。

> **延伸阅读**
>
> **郑州商品交易所关于交割违约处理**
>
> 第一百二十条 具有下列行为之一的,构成交割违约:
>
> (一)规定期限内,卖方未能如数交付标准仓单或未能如数交付实物的;
>
> (二)规定期限内,买方未能如数解付货款的;
>
> (三)车(船)板卖方交割的货物质量不符合交割质量规定的;
>
> (四)交易所认定的其他违约行为。
>
> 第一百二十一条 构成交割违约的,由违约方支付违约部分合约价值(按交割结算价计算)20%的违约金给守约方。买卖双方终止交割。
>
> 第一百二十二条 计算买方交割违约合约数量时,交易所应对违约部分预扣合约价值20%的违约金。
>
> 计算卖方交割违约合约数量的公式为:
>
> 卖方交割违约合约数量(手)= [应交标准仓单数量(张)- 已交标准仓单数量(张)] × 交割单位 ÷ 交易单位
>
> 计算买方交割违约合约数量的公式为:
>
> 买方接到的仓单为完税标准仓单的,买方交割违约合约数量(手)=(应交货款 - 已交货款)÷(1 - 20%)÷(交割结算价 + 包装物单价)÷ 交易单位
>
> 买方接到的仓单为保税标准仓单的,买方交割违约合约数量(手)= [保税应交货款(元)- 已交货款(元)] ÷ 保税交割结算价(元/吨)÷(1 - 20%)÷ 交易单位
>
> 第一百二十三条 买卖双方同时违约的,交易所按终止交割处理,并对双方分别处以违约部分合约价值5%的罚款。
>
> 第一百二十四条 会员发生部分交割违约时,违约会员所接标准仓单或者所得货款可用于违约处理。
>
> 第一百二十五条 按本细则规定出现终止交割情形时,交易所的担保责任了结。

自测题

判断题

1. 种植者在制定播种计划的时候,也可以参考期货市场价格,通过期货市场的价格发现功能,合理安排种植规模和品种。( )

2. 在"公司+农户、期货+订单"的新模式推广中,农民们的种粮收益得到了保障,同时促进了农业组织化和产业化发展。( )

3. 普通农户可以通过预先卖出保值的方式利用期货市场避免价格风险。( )

4. 河南省现货与期货价格相关系数为0.94,山东省现货与期货价格相关系数为0.91,前者相关性更强,在同一时点价差更小。相关性分析可得出:花生期货市场运行效率较高,能够充分发挥其价格发现功能。( )

5. 郑州商品交易所的花生期货价格与现货价格走势相关系数为0.96,相关性较高。可见,花生期货市场功能发挥比较充分。( )

6. 种植者套期保值需要注意入市理念的确立:不能把套期保值做成投机交易。( )

参考答案

判断题

1. √ 2. √ 3. √ 4. √ 5. √ 6. √

第六章

供求状况

> **本章要点**
>
> 供需关系是投资者了解及研究市场的重中之重,是基本面分析的核心内容。本章通过对全球花生供需环节的介绍,让读者了解近几年全球花生市场的运营情况,为投资者研究花生期货市场做好铺垫。

 一、世界花生产量中各国占多少份额?

全球花生生产主要分布于亚洲、非洲和美洲,这三个地区的花生产量占世界总产量的99%以上。目前,花生产量超过100万吨的国家包括:亚洲的中国、印度、缅甸,非洲的尼日利亚、苏丹、塞内加尔、坦桑尼亚,美洲的美国、阿根廷。花生产量在50万—100万吨的国家包括:非洲的几内亚、尼日尔、乍得、喀麦隆，亚洲的印度尼西亚，美洲的巴西等。

从全球角度来看，近20年来花生总产量保持稳步增长态势。USDA数据显示，2020/2021年度全球花生总产量为4773万吨，为历史新高水平，相比2001/2002年度的3325万吨增长43.5%。自2007年至今全球花生产量整体以阶梯式上涨为主，第一阶段2007—2009年涨19.83%至第二阶段2010—2015年，第二阶段涨14.41%至第三阶段2016—2020年，而后基本稳定在4600万—4700万吨。

尼日利亚是非洲的第一大花生生产国，产量占到非洲的三成左右，其中早些年的占比超过三成，近些年随着苏丹、坦桑尼亚等国生产规模扩大，其占比已降至三成以下。美国占据着美洲第一大花生生产国的位置，多数年份里其产量占比超过六成，有时甚至超过七成；如果加上阿根廷，两国产量合计占美洲的九成左右。

世界及各主要生产国的花生产量情况见表6-1、表6-2和图6-1、图6-2。

表6-1　　　　　世界及各主要生产国的花生产量　　　　单位：万吨

年度	世界	中国	印度	尼日利亚	美国
2000/2001	3325.2	1443.7	570	290.1	148.1
2001/2002	3566.4	1441.5	760	268.3	194
2002/2003	3341.8	1481.8	540	285.5	150.6
2003/2004	3504.1	1342	770	303.7	188
2004/2005	3493.1	1434.2	607	325	194.5
2005/2006	3563.9	1434.2	625	347.8	220.9
2006/2007	3263.2	1288.7	535	306.2	157.1
2007/2008	3492.5	1381.5	689	284.7	166.6
2008/2009	3724.9	1463.5	592	287.3	234.2
2009/2010	3626.4	1460.4	512	297.8	167.5
2010/2011	3945.4	1513.6	584	379.9	188.6
2011/2012	3861	1530.2	601.5	296.3	166
2012/2013	4027.4	1579.1	433.4	331.4	306.4
2013/2014	4176.9	1608.2	648.2	247.5	189.3

续表

年度	世界	中国	印度	尼日利亚	美国
2014/2015	4179	1590.1	485.5	339.9	235.4
2015/2016	4128.3	1596.1	447	346.7	272.2
2016/2017	4515.5	1636.1	692.4	358.2	253.2
2017/2018	4682.5	1709.2	666.5	424.8	322.8
2018/2019	4680.7	1733.3	468.5	442.2	249.3
2019/2020	4605.9	1752	625.5	350	248
2020/2021	4772.7	1750	670	390	278.2

表6-2 世界主要生产国的花生产量所占份额

年度	中国占比（%）	印度占比（%）	尼日利亚占比（%）	美国占比（%）
2000/2001	43	17	9	4
2001/2002	40	21	8	5
2002/2003	44	16	9	5
2003/2004	38	22	9	5
2004/2005	41	17	9	6
2005/2006	40	18	10	6
2006/2007	39	16	9	5
2007/2008	40	20	8	5
2008/2009	39	16	8	6
2009/2010	40	14	8	5
2010/2011	38	15	10	5
2011/2012	40	16	8	4
2012/2013	39	11	8	8
2013/2014	39	16	6	5
2014/2015	38	12	8	6
2015/2016	39	11	8	7
2016/2017	36	15	8	6
2017/2018	37	14	9	7
2018/2019	37	10	9	5
2019/2020	38	14	8	5
2020/2021	37	14	8	6

数据来源：美国农业部。

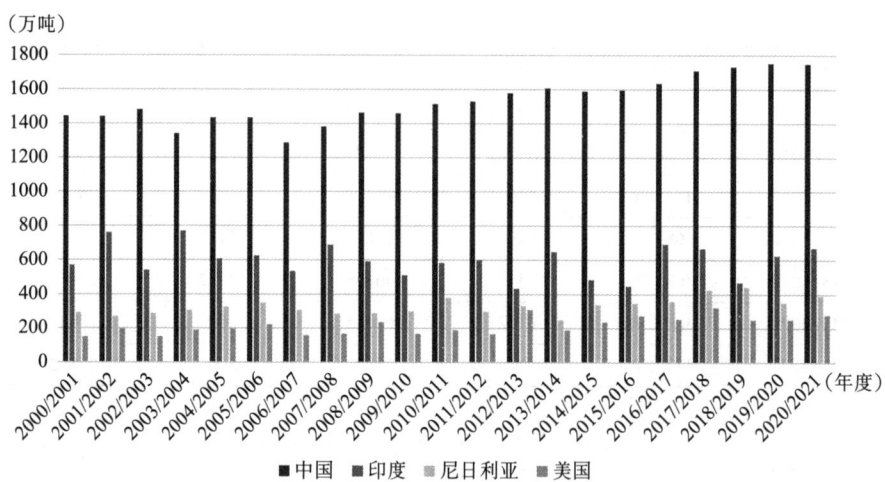

图 6-1 全球各主产国花生产量图示

数据来源：美国农业部。

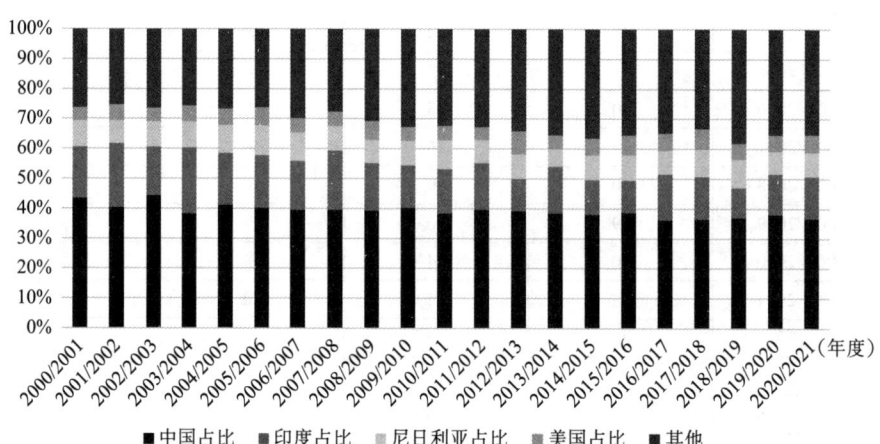

图 6-2 世界主要生产国的花生产量所占份额图示

数据来源：美国农业部。

二、花生主产国的生产状况如何？

我们将国内和国外的生产状况分开分析。国内的生产状况将从花生的种植面积、单产情况、花生产量三个方面进行分析比较。国外的生产状况主要从除了中国以外产量最高的三个国家：印度、尼日利亚、美国进行重点分析。

(一) 我国花生生产总体情况

花生在我国种植已经有 500 年历史，起先只在沿海地区栽培，由于适应地区广，营养价值高，深受人民喜爱，因此其他地区也相继栽培，种植面积不断扩大，目前已遍及全国。我国花生种植总面积在稻谷、小麦、玉米、大豆、油菜、甘薯和蔬菜之后，名列第 8 位，在油料作物中，花生的播种面积仅次于油菜，但单产水平和总产均高于油菜，是我国最大的油料作物。我国是全球最大的花生生产国，近年来，在国内花生主产区出现许多新型花生种植经营模式，使花生规模化种植面积不断提高，据统计，2020—2021 年中国花生产量 1750 万吨，占世界产量近 40%（见图 6-3）。

1. 播种面积震荡增加

我国花生播种区域较广，主要集中在华北、黄淮地区，年度播种面积的变化主要取决于政策引导、花生价格及比较收益。花生属于经济作物，种植收益相对较高，但田间管理、播种和收获机械化程度较低，价格波动幅度较大，种植风险亦高于粮食作物。在我国保障粮食生产的大背景下，花生种植扶持政策相对较少，而且在近年来由于保障玉米等谷物自给的情况下，临储玉米收购鼓励增加玉米播种面积，使得花生播种面积难以大幅增加。另外，我国是花生的传统出口国，但由于国际市场花生价格波动较大，国内出口量下滑，也限制了花生出口需求，进而影响种植面积。

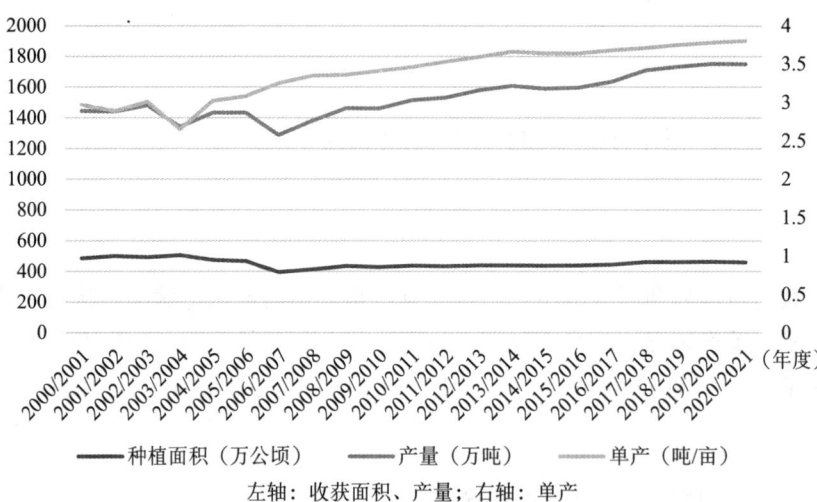

左轴：收获面积、产量；右轴：单产

图 6-3 我国花生生产形势

数据来源：美国农业部。

改革开放以来，我国花生播种面积稳步增加。1978—1985 年花生播种面积出现快速增长，全国花生播种面积从 176.8 万公顷增至 331.8 万公顷，累计增长 87.7%；1986—1993 年我国花生播种面积一直在 300 万公顷左右徘徊，1993 年超过 1985 年水平，达到 337.9 万公顷。1994 年以后再度快速增长，至 2003 年的 10 年间有 8 年花生播种面积增加，仅 1996 年、2002 年出现小幅下滑。2003 年我国花生播种面积达到创纪录的 505.7 万公顷，较 1993 年增长 49.7%，较 1978 年增长 186%。2003 年至今，我国花生播种面积一直在 400 万—470 万公顷区间波动。2021 年我国花生种植面积为 460 万公顷，同比增长 0.3%。

2. 单产水平不断提高

随着科技的不断进步，花生品种多样化，种子抗逆性不断增强，加上种植水平的提高，我国花生单产大幅增加，成为提高花生产量的主要原因。2020 年我国花生单产为 3.8 吨/公顷，较 1978 年的 1.35 吨/公顷增长 181.5%。过去 40 年来我国花生单产呈现波动增长态势，尤其是 1978—1985 年和 2003—2013 年两个阶段呈现出明显的持续增长势头。1976—1985 年单产水平迅速提高与家庭联产承包责任制的推行和科技进步的推动是分不开的。2003—2013年单产水平提高主要得益于栽培技术和机械化播种水平的提高。

花生单产的年际变化很大程度上与气象因素有关，特别是生长后期遭遇大量降雨，可能造成单产大幅降低乃至绝产。1989年、1992年、1997年和2003年单产较低，均与降雨密切相关。2003年，由于淮河流域夏季洪灾，我国花生单产仅为2.65吨/公顷，较2002年减少12%，2004年则恢复至3.02吨/公顷。2003年以来，我国花生单产除了2014年以外，其余年份均保持增长趋势。

我国花生种子及栽培技术远超国际水平，单产较国际平均单产高一倍以上。2021年我国花生单产为3.80吨/公顷，较全球平均水平1.69吨/公顷高125%。尽管我国花生单产超过全球平均水平，但仍低于美国、阿根廷的花生单产。2021年，美国花生单产为4.25吨/公顷，连续10年维持在4吨/公顷以上；阿根廷花生单产为3.86吨/公顷。国内各省花生单产差距也较大，最高的河南省2020年单产为4.35吨/公顷，而云南省、山西省等单产不足2吨/公顷。花生单产水平较高的省份依次是河南省、安徽省、山东省、新疆维吾尔自治区、江苏省、河北省、湖北省等。

3. 产量呈现增长态势

自1978年以来，我国花生生产呈现出波浪式增长态势，经历了稳步上升（1978—1985年）、长期徘徊（1986—1992年）、迅速发展期（1993—2002年）和稳步增长（2003—2021年）四个发展阶段。1985年我国花生产量达到666.4万吨，较1978年增长180.4%，其中1980年、1984年、1985年同比增幅均超过20%，极大地提高了花生产量，满足了人民消费需求。1986年以后花生产量基本维持在530万—630万吨，1992年产量为595万吨，较1985年低10.6%。1993年之后花生产量再度稳步增加，2002年花生产量达到1481.8万吨，较1992年增长148.9%，开始成为增长期。2003年由于天气原因花生减产9.4%，之后我国花生产量稳步增加，到2021年花生产量已经1750万吨，较2002年增长18.1%，增幅明显放缓，较1978年增长7.36倍。1978—2021年的43年中，花生总产量同比增长的年份有30年，年增产最多达246.8万吨（1993年）；比上一年减产的年份有13年，减产最多为145.5万吨（2006年），增减变化幅度达392.3万吨。

我国是传统花生生产国,产量在全球市场占有重要地位,1978年我国花生产量占全球产量的13.42%,之后随着国内产量快速增加,占比不断提高;2002年我国花生产量第四年占比超过全球产量的四成,达到44.2%;2000年以来,随着美国、苏丹等国花生产量增加,我国花生产量占全球份额受到挤压,目前仍维持在36.7%左右。

(二)除中国以外花生主产国的生产情况

除中国以外,花生产量最高的三个国家分别是印度、尼日利亚、美国,它们的产量和种植面积情况如下:

1. 印度

印度是世界花生种植面积最大的国家,占全球面积的比重曾一度达到1/3,在亚洲的相应占比则达到50%以上。近20年来,印度花生面积种植下滑严重,由早期的800万公顷降至近年的500万公顷左右,在全球种植规模总体扩大的情况下,其全球占比大幅降至不足两成;由于同期亚洲花生种植面积整体也在萎缩,印度在亚洲的占比仍保持在四成以上;不过,印度对中国的花生种植面积的优势已经缩小至接近的水平(见表6-3和图6-4)。

表6-3 2000年以来印度花生种植面积和产量

年度	种植面积(万公顷)	产量(万吨)	单产(吨/公顷)
2000/2001	810	570	0.7
2001/2002	820	760	0.93
2002/2003	680	540	0.79
2003/2004	800	770	0.96
2004/2005	664	607	0.91
2005/2006	673.6	625	0.93
2006/2007	561.5	535	0.95
2007/2008	629.2	689	1.1
2008/2009	616.5	592	0.96
2009/2010	547.8	512	0.94
2010/2011	585.6	584	1

续表

年度	种植面积（万公顷）	产量（万吨）	单产（吨/公顷）
2011/2012	526.4	601.5	1.14
2012/2013	472.1	433.4	0.92
2013/2014	550.5	648.2	1.18
2014/2015	476.8	485.5	1.02
2015/2016	459.7	447	0.97
2016/2017	533.9	692.4	1.3
2017/2018	492.5	665	1.35
2018/2019	470	470	1
2019/2020	500	575	1.15
2020/2021	560	650	1.16

数据来源：美国农业部。

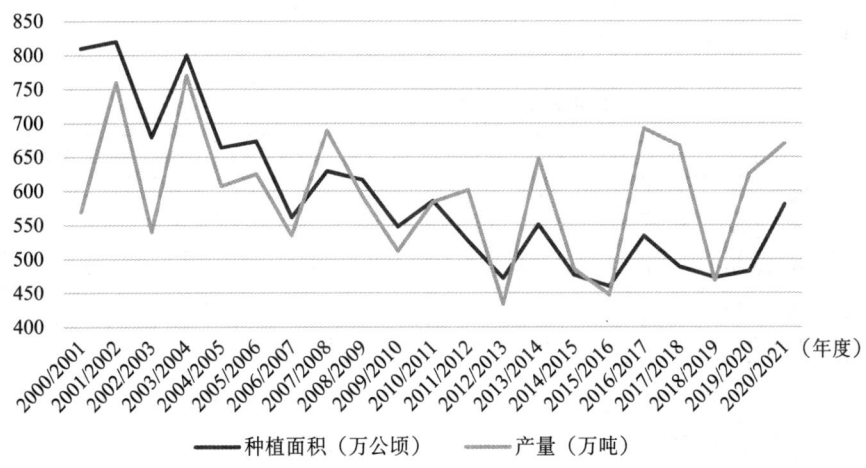

图 6-4　2000 年后印度花生种植面积和产量折线图

数据来源：美国农业部。

与花生种植面积第一大国的地位不相称的是，印度花生单产较低，甚至低于一些非洲国家，近 20 年来平均单产约为 1000 公斤/公顷，仅与非洲平均水平相当，远低于中国 3.8 吨/公顷以上的单产水平。不仅如此，印度花生种植受气候变化影响较大，导致其单产水平年际间也有明显变化，从而影响花生生产的稳定发展。

凭着种植规模优势，印度花生年产量仍达到 400 万吨以上，仅次于中国。2003 年最高达到 770 万吨，2012 年最低 433 万吨。不过，由于花生种植面积和单产变化较大，其花生产量年际间波动也较大。近 20 年来，印度花生产量同比增幅绝对值在 20% 以上的年份达到 11 次，2016 年产量同比增幅最高达到 55%，另有 2 年同比增幅超过 40%。

2. 尼日利亚

尼日利亚是传统的花生种植大国，有着悠久的花生种植历史，花生是当地农业的主要产品之一。1960 年独立初期，尼日利亚是一个农业为主的国家，棉花、花生等许多农产品在世界上居领先地位。曾以出口花生等农产品闻名于世。1970 年起，随着尼日利亚石油工业快速发展，并成为非洲最大的产油国，农业生产出现衰退，以花生为代表的农产品产量逐渐减少。1990 年之后，花生产业有所起色，但发展相对缓慢，落后于同期世界发展水平。2000 年以来尼日利亚花生产量情况见表 6-4 和图 6-5。

表 6-4　　　　　　　　2000 年以来尼日利亚花生产量情况

年度	种植面积（万公顷）	产量（千吨）	单产（吨/公顷）
2000/2001	1934	2901	1.5
2001/2002	1731	2683	1.55
2002/2003	1878	2855	1.52
2003/2004	1985	3037	1.53
2004/2005	2097	3250	1.55
2005/2006	2187	3478	1.59
2006/2007	2224	3062	1.38
2007/2008	2203	2847	1.29
2008/2009	2336	2873	1.23
2009/2010	2643	2978	1.13
2010/2011	2789	3799	1.36
2011/2012	2353	2963	1.26
2012/2013	2660	3314	1.25
2013/2014	2733	2475	0.91
2014/2015	2800	3399	1.21
2015/2016	2802	3467	1.24

续表

年度	种植面积（万公顷）	产量（千吨）	单产（吨/公顷）
2016/2017	2680	3582	1.34
2017/2018	2820	4248	1.51
2018/2019	2820	4422	1.57
2019/2020	2800	3500	1.25
2020/2021	2800	3900	1.39

数据来源：美国农业部。

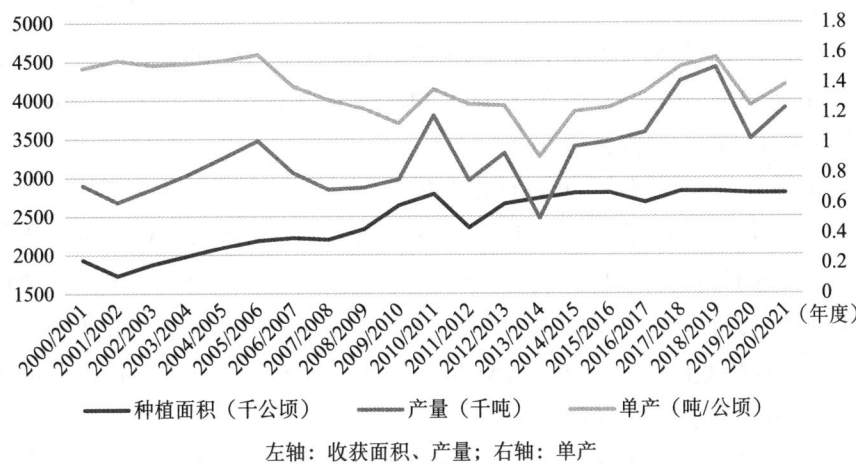

左轴：收获面积、产量；右轴：单产

图6-5　2000年以来尼日利亚花生产量情况折线图

数据来源：美国农业部。

进入21世纪，尼日利亚花生种植面积总体扩大，并超过20世纪60年代的高峰水平；不过这一过程主要发生在前10年，由2001年最低的173万公顷扩大至2017年最高的282万公顷，累计扩大了63%；此后种植面积一直徘徊于280万公顷左右。近20年的多数年份里，尼日利亚花生种植面积占非洲的比重维持在20%以上，其中面积扩大的前10年，占比相应提高了约5个百分点，2006年最高为26.7%；面积徘徊不前的后10年中，占比相应下滑，甚至略低于20%。

与种植面积变化类似，尼日利亚花生单产也不稳定，导致产量水平起伏较大，尤其是2006—2013年，年际间变化频繁，其中2010年最高达到380

万吨,而 2013 年最低降至 248 万吨。此后产量稳定提高,2018 年实现连续第 5 年增产,达到 442 万吨,续创历史新高;2019 年单产下滑致使产量有所下降,之后 2021 年将会有所回升。

3. 美国

美国是世界上花生产业发展水平最高的国家,无论是花生良种应用、种子包衣精播、平衡施肥等优质高效栽培技术,还是标准化花生生产基地建设、全程机械化生产等,都代表了世界花生产业最高水平。这使得美国花生单产长期居于世界领先水平,且稳定处于 2000 公斤/公顷;21 世纪以来,美国花生单产继续向上突破,第一个 10 年稳定突破了 3000 公斤/公顷,第二个 10 年稳定突破 4000 公斤/公顷,2012 年最高达到 4720 公斤/公顷,近几年多处于 4500 公斤/公顷左右。

近 20 年来,美国花生种植面积总体上变化不大,2000 年为 54 万公顷,2021 年预计为 65.4 万公顷(见表 6-5 和图 6-6)。不过,期间也有所波动:2013 年最低降至 42 万公顷,2017 年最高达到 72 万公顷。虽然就全球花生种植而言,整个美洲的花生面积占比仅在 4% 左右,但美国在美洲花生产业中具有举足轻重的地位,面积占比常年超过 50%;不少年份占比超过 60%,2005 年最高达到 67%。

在面积变化不大的情况下,美国花生产量主要取决于单产水平,两者增长趋势基本一致。近 20 年来,美国花生产量由 2000 年最低的 148 万吨增至 2017 年最高的 323 万吨,累计增幅 118%。就相邻年份而言,美国花生产量变化受到面积的影响更大,表现为产量与面积的年度变化方向几乎完全一致,仅在 2007 年出现两者变化方向相反的情况(种植面积减少而产量增加)。

表 6-5　　　　　　　　2000 年以来美国花生产量情况

年度	种植面积(万公顷)	产量(千吨)	单产(吨/公顷)
2000/2001	541	1481	2.74
2001/2002	571	1940	3.4
2002/2003	523	1506	2.88
2003/2004	531	1880	3.54
2004/2005	564	1945	3.45

续表

年度	种植面积（万公顷）	产量（千吨）	单产（吨/公顷）
2005/2006	659	2209	3.35
2006/2007	490	1571	3.21
2007/2008	484	1666	3.44
2008/2009	610	2342	3.84
2009/2010	437	1675	3.83
2010/2011	508	1886	3.71
2011/2012	437	1660	3.8
2012/2013	649	3064	4.72
2013/2014	422	1893	4.49
2014/2015	535	2354	4.4
2015/2016	632	2722	4.31
2016/2017	622	2532	4.07
2017/2018	719	3228	4.49
2018/2019	556	2493	4.48
2019/2020	562	2480	4.41
2020/2021	654	2782	4.25

数据来源：美国农业部。

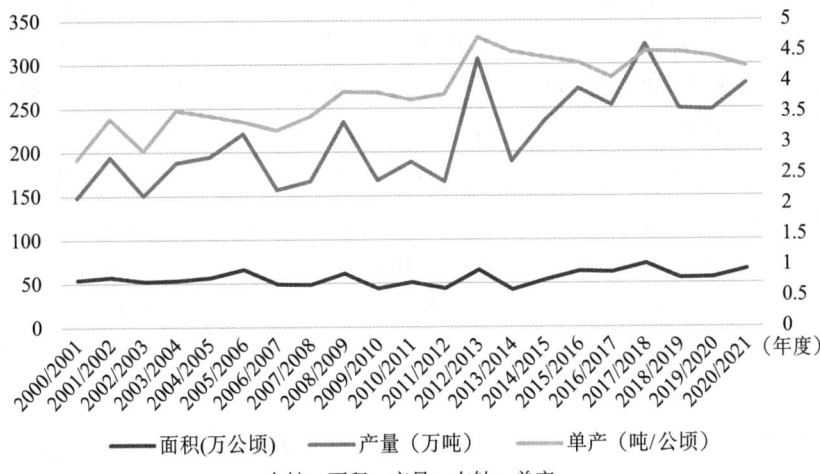

图6-6　2000年以来美国花生生产情况折线图

数据来源：美国农业部。

得益于较高的单产水平，美洲花生产量的全球占比明显高于面积，达到9%左右，2012年最高接近11%。美国在美洲的花生产量占比与此类似，多数年份里超过60%，也高于面积的相应占比。近年来，美国花生以200多万吨的产量稳定排名全世界第四位，居于中国、印度、尼日利亚之后。

4. 非洲其他主产国（苏丹、塞内加尔和坦桑尼亚）

除了尼日利亚，非洲花生生产国主要包括苏丹、塞内加尔和坦桑尼亚。近20年来，前10年中三国花生总面积与尼日利亚大致相当，具体年份互有高低；不过，由于三国花生单产偏低，即使在非洲范围内，也处于较低水平，且明显低于尼日利亚，导致三国花生产量总体上仍落后于尼日利亚。后10年，三国花生种植面积快速扩大，2018年达到创纪录的532万公顷，较2006年的低点150万公顷大幅增长了255%。2021年，三国花生种植面积为450万公顷。同期，在尼日利亚花生种植面积徘徊不前的情况下，三国花生总种植面积超越前者，并拉开不小差距；这使三国花生总产量也稳超尼日利亚，2018年最高达到646万吨，2021年达到了430万吨。

相比较而言，苏丹花生种植面积和产量要明显高于塞内加尔和坦桑尼亚，尤其是2010年以后，规模快速扩大，当年种植面积恢复扩大至100万公顷以上，2013年突破200万公顷，2018年首次超过了300万吨，而塞内加尔和坦桑尼亚当年的花生面积分别仅为125万公顷和100万公顷；2021年苏丹花生产量也达到180万吨，约为塞内加尔（140万吨）的1.28倍、坦桑尼亚（110万吨）的1.64倍。

从近20年来花生生产发展速度看，坦桑尼亚表现最为突出。其种植面积从2000年的不足12万公顷迅速扩大至2015年的163万公顷，增长了近13倍，期间除了2006年和2009年，其余年份均同比增长。相应的，其花生产量从2000年的5万吨增长至2015年的184万吨，在叠加单产提升的情况下，产量累计增幅超过34倍。

5. 亚洲其他主产国（缅甸、印度尼西亚）

近些年，缅甸和印度尼西亚花生产量都稳定在100万吨左右，在亚洲仅次于中国和印度，分别位居第三位和第四位，不过与前两名的差距不小。2021年缅甸产量155万吨，印度尼西亚产量97万吨。

近20年来，缅甸花生种植面积先增后稳，2000—2011年由56万公顷增至 89 万公顷，累计增长近六成；此后面积基本稳定在高点附近。同期，印度尼西亚花生种植面积主要是在 60 万公顷上下有所波动，两国花生种植面积合计在亚洲的占比 2012 年最高达到 14%，较 2000 年提高近 6 个百分点，此后多徘徊在 13% 左右。2021 年，缅甸的花生种植面积为 99 万公顷，印度尼西亚花生种植面积为 54.5 万公顷。由于两国花生单产相对偏低（主要是明显低于中国），其花生产量在亚洲的占比要低于面积的占比，2009 年最高达到 11%，此后多在 10% 左右波动。

由于受到新型冠状病毒的疫情影响，2019 年缅甸和印度尼西亚都出现了大幅度下降。但是除 2019 年外的近十年，两国的花生产量都是逐步上升的。

6. 美洲其他主产国（阿根廷、巴西）

阿根廷是美洲主要的花生生产国，规模仅次于美国，在美洲排名第二位。近 20 年，阿根廷花生种植面积总体有所增加，但起伏波动较大，2002 年最低为 16 万公顷，2012 年最高达 38 万公顷，2018 年又降至 30 万公顷以下。2021 年又上升到了 35 万公顷。就其种植面积在美洲的占比来看，2013 年最高接近 40%，此后明显下降，近年来多徘徊在 30% 以下。

作为美洲国家，阿根廷花生单产要明显高于世界平均水平，但在美洲范围内，则相对偏低（主要是低于美国），这使得其花生产量在美洲的占比要低于种植面积的相应占比，2011 年最高超过 33%，2017—2021 年平均占比在 25% 左右。

巴西是南美洲除阿根廷以外的花生主产国，不过生产规模要明显小于阿根廷，其与阿根廷的差距类似于阿根廷与美国的差距。近 10 年来，巴西花生种植面积保持连续增长态势，2020 年种植面积超过 16 万公顷，产量有望达到创纪录的 55 万吨。

三、世界花生主要消费国的用量及分布如何？

世界花生消费发展过程大致与生产近似，两者相互带动。近 20 年来，世界花生消费量先稳后升,其中前7年相对平稳,年均消费量约2385万吨;此后趋升,由2006/2007年度的3254.4万吨增至2020/2021年度的4736.4万吨,累计增幅接近45%(见图6-7)。

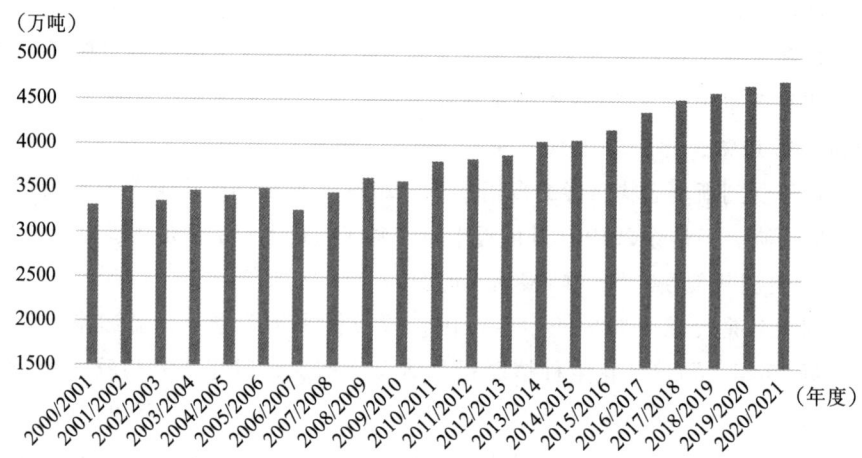

图6-7 2000年以来世界花生消费总量

数据来源:美国农业部。

(一)世界花生的消费与用量

榨油和食用是花生的主要消费用途。进入21世纪以来,食用消费总体保持了增长态势:从2000/2001年度的1524.4万吨左右,持续增长至2020/2021年度的超过2217.8万吨;压榨消费表现出先相对稳定后总体增长的趋势:在2000—2005年呈现出相对稳定的状态,消费量大概保持在1400万—1600万吨,2006/2007年度到达低点后开始进入趋势性增长,2020/2021年度接近2217.8万吨(见图6-8)。

对比榨油和食用消费,2000—2004年两种用途的消费量不相上下,均在1500万吨左右,各占总消费量的46%左右,期间互有领先;此后,两者逐渐拉开差距,榨油消费占比总体下滑,目前已降至40%左右,而食用消费占比提高至47%以上(见图6-9)。

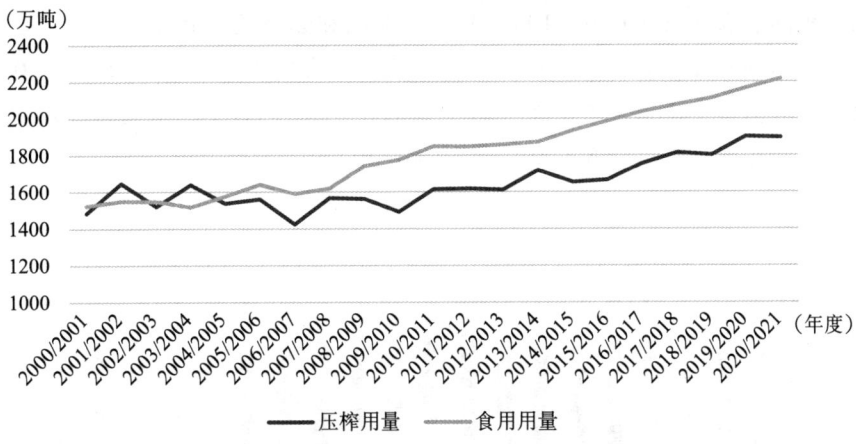

图 6-8　2000 年以来世界花生压榨和食用消费量

数据来源：美国农业部。

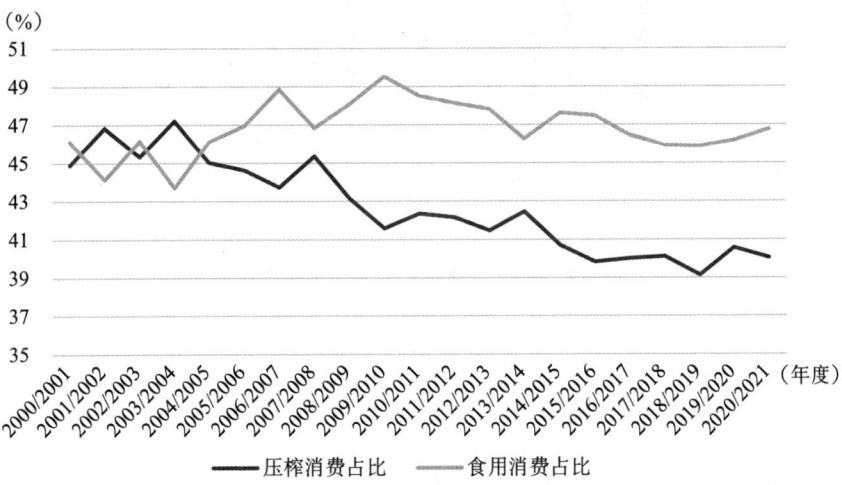

图 6-9　2000 年以来世界花生压榨和食用消费量占比

数据来源：美国农业部。

（二）消费区域分布

从全球花生消费的区域分布看，按消费量从高到低依次为：亚洲、非洲、美洲、欧洲（见图6-10）。其中，亚洲和非洲的消费量最高，两者合计占比达到9成左右，其中亚洲约占6成，非洲约占3成。不过，近20年来，亚洲消费占比呈下滑趋势，由早期的68%降至59%；同期非洲消费占比则相应在提升。美洲和欧洲的消费占比相对稳定，分别在7%左右和接近3%的水平。

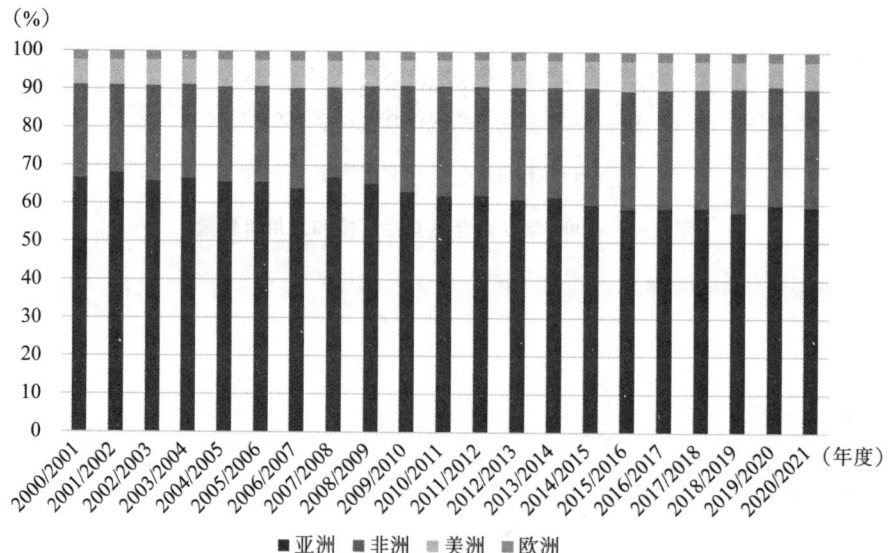

图6-10 2000年以来世界花生消费区域分布

数据来源：美国农业部。

（三）区域的消费用途差异

各大洲花生的消费用途差异较大（见图6-11）。亚洲主要用于榨油，占比超过五成，同时食用消费占比上升，目前已超过4成。非洲主要用于食用，但占比逐渐下降，已由早期的6成左右降至5成以下。美洲和欧洲的花生消费结构相对稳定，主要用于食用，其中美洲的食用占比在6—7成，欧洲的占比一直稳定在90%以上。

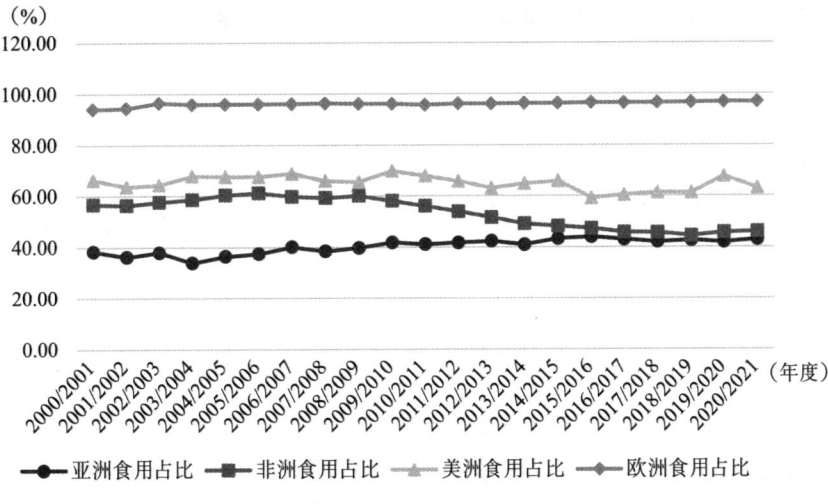

图6-11 2000年以来各区域食用花生消费占比

数据来源：美国农业部。

四、世界花生贸易都集中在哪些地区？

（一）出口情况

1. 世界花生总体出口情况及集中地区

世界花生出口量总体呈现增长态势（见表6-6和图6-12），近20年来，由2000/2001年度最低的193万吨增至2016/2017年度最高的367万吨，累计增幅接近九成，较同期世界花生产量近43%的最高增幅高出了1倍以上，明显快于产量的增速。2019/2020年度世界花生出口量达到486.4万吨，继2017年之后连续第2年恢复性增长，并超过了2016/2017年度的历史高点。2020/2021年度又下降到432.4万吨。在出口增速快于产量的情况下，世界花生出口量占产量的比重也在提升，近20年来由早期的5%左右提高至近年来的8%左右，2015/2016年度最高接近8.6%，此后两年受产量连续创新高和出口相对停滞甚至下滑的影响，这一占比连续出现明显下降，最低降至7.39%，之后的两年重新开始回升。

表6-6　　　　　　　　2000年以来世界花生出口情况

年度	总出口量（万吨）	出口量占产量比重（%）
2000/2001	193.1	5.81
2001/2002	199.3	5.59
2002/2003	206.9	6.19
2003/2004	196.2	5.58
2004/2005	227.2	6.49
2005/2006	226.1	6.33
2006/2007	238	7.30
2007/2008	244.2	6.99
2008/2009	242.8	6.52
2009/2010	240.3	6.63
2010/2011	288.9	7.33
2011/2012	301.7	7.81
2012/2013	276.2	6.86
2013/2014	300	7.18
2014/2015	342.3	8.19
2015/2016	362.2	8.77
2016/2017	382.6	8.47
2017/2018	346	7.39
2018/2019	374.4	8.00
2019/2020	486.4	10.56
2020/2021	432.4	9.14

数据来源：美国农业部。

从近20年来三大洲花生出口占比的变化趋势看：亚洲总体呈现下滑态势，由超过60%的全球出口占比降至不到40%；非洲出口占比小幅增加，大部分年份均处在9%以下，自2018年以来超过了10%；美洲出口占比稳

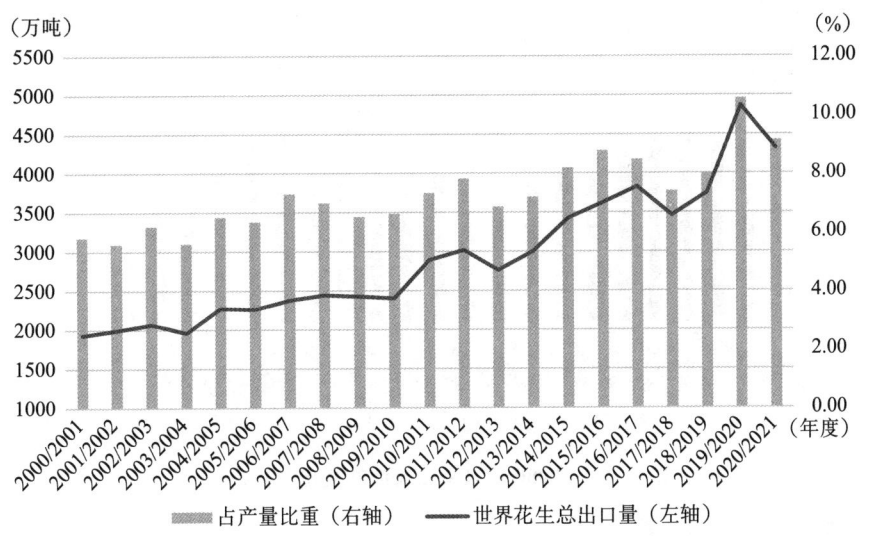

图 6-12 2000 年以来世界花生出口量及其占产量比重

数据来源：美国农业部。

步提升，由 30% 左右提升至 40% 以上，近几年与亚洲互有领先，但大多数年份高于亚洲。

与亚洲、非洲、美洲几乎垄断全球花生生产相对应，三大洲在花生出口市场也占据绝对主导地位，出口量合计占世界出口总量的比重长期稳定在 95% 左右。三大洲花生出口的结构又与生产结构有所不同，主要表现为非洲虽然产量远高于美洲，但出口量却远小于美洲，近 20 年来，2020/2021 年度最高仅为 38 万吨；而同期美洲出口量 2002/2003 年度最低就已达到 55.6 万吨，近些年更是一直保持在 100 万吨以上，2019/2020 年度最高达到了 212.8 万吨。相应地，全球花生出口市场上，美洲所占份额近年来都保持在四成以上，2015/2016 年度最高达到 51.5%；而非洲所占份额 2019/2020 年度最高仅为 20.5%（见图 6-13）。亚洲花生出口份额目前也保持在四成以上，但近 20 年来总体呈现下滑态势，2002/2003 年度最高达到 68.73%，2012/2013 年度首次被美洲超越，此后互有领先，不过多数年份落后于美洲。

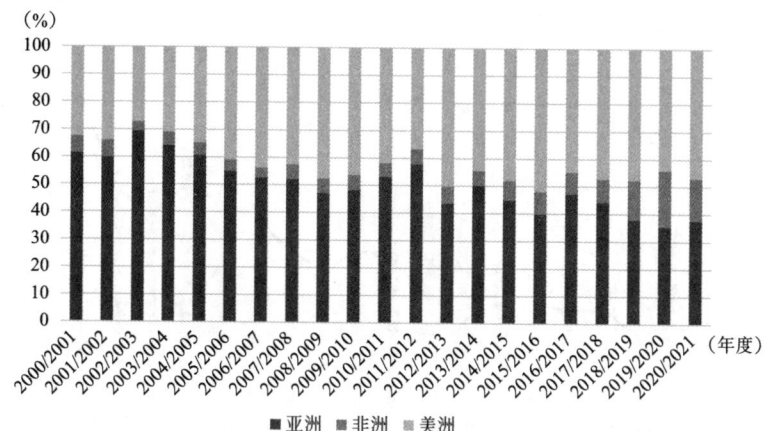

图6-13 2000年以来三大洲花生出口量占比

数据来源：美国农业部。

比较三大洲花生出口量占各自产量的比重，也从侧面反映了上述局面。近20年来，美洲这一比重一直保持在20%以上，2015/2016年度最高超过4%；而亚洲和非洲长期以来则分别在5%和2%的低位水平上保持相对稳定，均远低于美洲（见图6-14）。2019/2020年度非洲在这20年内首次超过了亚洲，但是2020/2021年度又低于了亚洲。

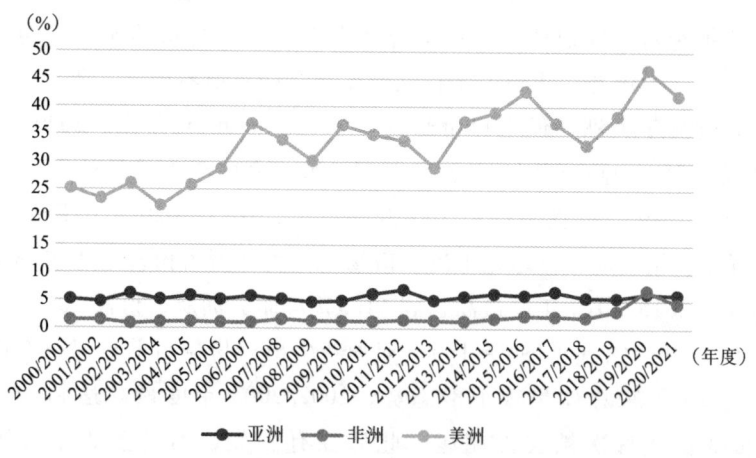

图6-14 2000年以来三大洲花生出口量占产量比重

数据来源：美国农业部。

2. 主要出口国出口情况

全球花生出口市场集中度相对较高，中国、印度、阿根廷和美国4个国家所占份额长期稳定在80%左右（见图6-15）。其中，中国作为传统的生产大国，花生出口量曾经高居全球之首，市场份额一度超过50%，但随着国内需求增长，花生出口止步不前甚至下滑，市场份额明显萎缩，目前已不足2成；而其他三个国家市场份额均有不同程度的提高，由此形成四分天下的格局。

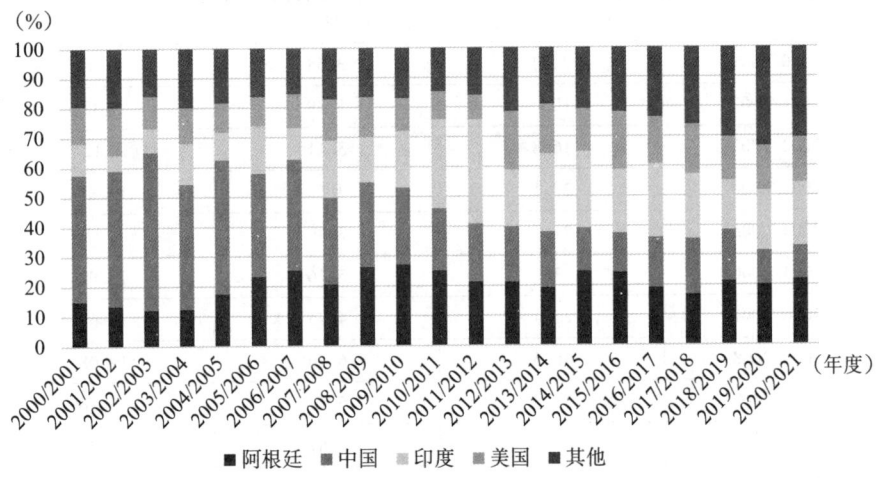

图6-15　2000年以来主要出口国的出口份额

数据来源：美国农业部。

下面介绍除中国外其他三个主要花生出口国的情况：

（1）印度。印度作为全球第二大花生生产国，早些年出口量却不高，2001/2002年度最低仅为10.6万吨；此后明显增长，2005/2006年度首次突破30万吨，2007/2008年度首次突破40万吨，2011/2012年度最高达到105.5万吨，也成为唯一突破100万吨的年份。不过，此后又明显下降，主要在80万吨上下波动，2020/2021年度出口95.0万吨。

从印度花生出口市场份额看，近20年来其变化与出口量基本一致，2001/2002年度最低为5.32%，2011/2012年度最高为34.97%，并于当年连续第二次超过中国，成为全球第一大花生出口国；此后，虽然出口量下滑,且偶有被阿根廷反超,但一直保持了对中国的领先地位;2020/2021年度出口份额为21.23%,处于第二大出口国位置。

由于印度花生产量相对平稳,其出口量增长也表现为出口量占产量比重上升的过程,2001/2002年度占比最低为5.32%,2010/2011年度首次突破10%;2011/2012年度随着出口量达到高点,占比进一步提高至17.5%;2014/2015年度最高达到17.9%(见表6-7和图6-16)。

表6-7　　　　　　　　2000年以来印度花生出口情况

年度	出口量(万吨)	出口占产量比重(%)	出口市场份额(%)
2000/2001	20.4	3.58	10.56
2001/2002	10.6	1.39	5.32
2002/2003	16.8	3.11	8.12
2003/2004	27.1	3.52	13.81
2004/2005	21.2	3.49	9.33
2005/2006	36	5.76	15.92
2006/2007	25.4	4.75	10.67
2007/2008	46.6	6.76	19.08
2008/2009	36.8	6.22	15.16
2009/2010	45.4	8.87	18.89
2010/2011	86.1	14.74	29.80
2011/2012	106	17.54	34.97
2012/2013	52.6	12.14	19.04
2013/2014	78.5	12.11	26.17
2014/2015	87.5	18.02	25.55
2015/2016	77.3	17.29	21.28
2016/2017	94	13.58	24.61
2017/2018	75.2	11.28	21.68
2018/2019	62.3	13.30	16.60
2019/2020	98.4	15.73	20.20
2020/2021	95	14.18	21.23

数据来源:美国农业部。

第六章 供求状况 111

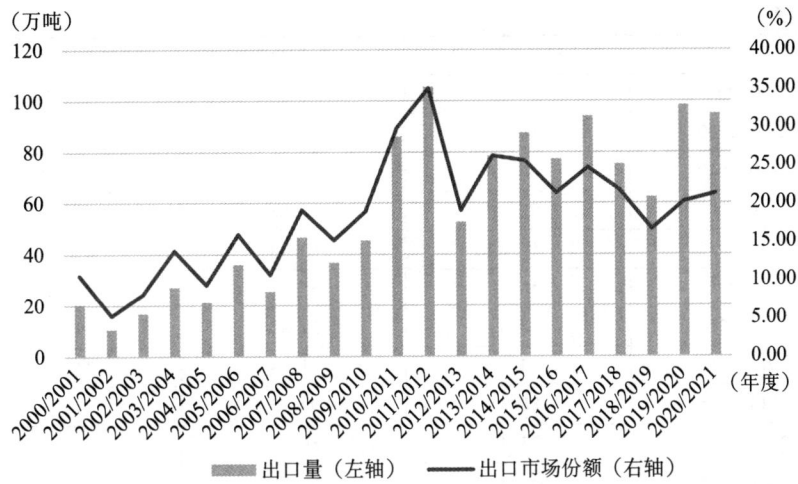

图6-16 2000年以来印度花生出口量及市场份额

数据来源：美国农业部。

（2）阿根廷。阿根廷虽然花生产量不高，但却是传统的花生出口大国，早期中国在花生出口市场上是一枝独秀的时候，阿根廷就是除中国以外的主要出口国。近20年来，阿根廷花生出口量总体保持增长态势，由2003/2004年度最低的出口量24.4万吨增至2019/2020年度最高的出口量98万吨，最大增幅达到261.89%，且2020/2021年度维持了最高的98万吨；2009/2010年度阿根廷首次超过中国，且2020/2021年度出口量为98万吨，重新超过印度，成为第一大花生出口国（见表6-8和图6-17）。

表6-8　　　　　　　　2000年以来阿根廷花生出口情况

年度	出口量（万吨）	出口占产量比重（%）	出口市场份额（%）
2000/2001	28.9	51.24	14.97
2001/2002	26.8	51.84	13.45
2002/2003	25.2	79.75	12.18
2003/2004	24.4	58.10	12.44
2004/2005	39.7	67.86	17.47
2005/2006	52.5	102.94	23.22
2006/2007	60.2	77.68	25.29

续表

年度	出口量（万吨）	出口占产量比重（%）	出口市场份额（%）
2007/2008	50.2	62.75	20.56
2008/2009	64.1	74.53	26.40
2009/2010	65.4	78.23	27.22
2010/2011	72.6	70.28	25.13
2011/2012	64.4	63.14	21.35
2012/2013	58.6	57.68	21.22
2013/2014	57.8	57.97	19.27
2014/2015	84.8	71.38	24.76
2015/2016	88.3	94.95	24.31
2016/2017	73.4	56.99	19.21
2017/2018	58.6	67.59	16.89
2018/2019	80	56.38	21.32
2019/2020	98	76.26	20.11
2020/2021	98	72.59	21.90

数据来源：美国农业部。

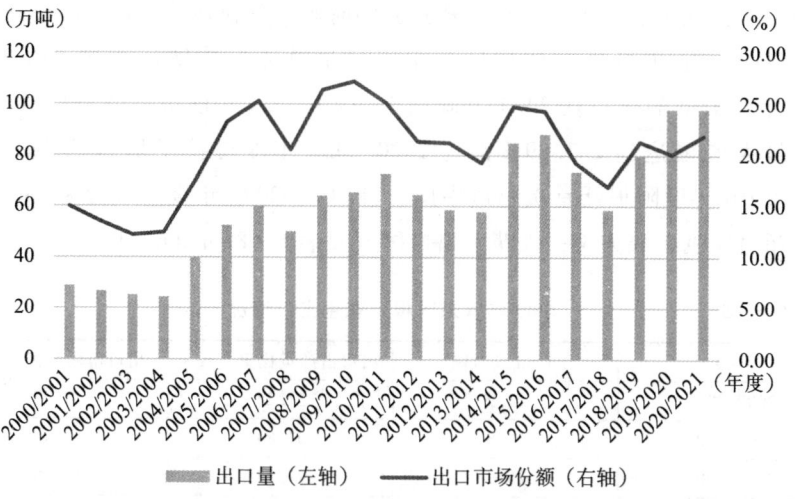

图 6-17 2000 年以来阿根廷花生出口量及市场份额

数据来源：美国农业部。

近 20 年来，阿根廷花生出口市场份额先升后降，前期从 2002/2003 年度最低的 12.18% 上升至 2009/2010 年度的 27.22%，在中国出口增量不足的情况下，为全球花生需求增长提供了重要保障；后期在印度出口能力提升的情况下，阿根廷花生出口份额总体下滑，2017/2018 年度最低降至 16.89%，较 2009/2010 年度的高点下降逾 10 个百分点。

阿根廷国内花生需求有限，也促成了其强大的出口能力。近 20 年，阿根廷花生出口量占产量的比重一直维持在 50% 以上，2000/2001 年度最低为 51.24%，少数年份超过 90%，近 20 年的出口占产量平均达到 70% 左右。

（3）美国。近 20 年来，美国花生出口量总体呈增长趋势，2002/2003 年度最低为 22.2 万吨，2015/2016 年度最高为 70 万吨，最大增幅 215%。不过，这个增长过程主要发生在 2012/2013 年度，当年出口量达到 54 万吨，同比增长了 118%（同期印度出口量从上年度历史最高的 106 万吨大幅下降 50%）；以该年度为界，前后 2 个阶段出口量相对平稳，其中前一阶段平均出口量为 27 万吨，后一阶段平均出口量为 57 万吨（见表 6-9 和图 6-18）。

表 6-9　　　　　　　　　2000 年以来美国花生出口情况

年度	出口量（万吨）	出口占产量比重（%）	出口市场份额（%）
2000/2001	23.9	16.14	12.38
2001/2002	31.7	16.34	15.91
2002/2003	22.2	14.74	10.73
2003/2004	23.4	12.45	11.93
2004/2005	22.3	11.47	9.82
2005/2006	22.3	10.10	9.86
2006/2007	27.4	17.44	11.51
2007/2008	34	20.41	13.92
2008/2009	33	14.09	13.59
2009/2010	26.9	16.06	11.19
2010/2011	27.5	14.58	9.52
2011/2012	24.8	14.94	8.22
2012/2013	54	17.62	19.55

续表

年度	出口量（万吨）	出口占产量比重（%）	出口市场份额（%）
2013/2014	49.7	26.25	16.57
2014/2015	49	20.82	14.31
2015/2016	70	25.72	19.27
2016/2017	60.2	23.78	15.76
2017/2018	57.7	17.87	16.63
2018/2019	54.4	21.82	14.50
2019/2020	72.9	29.40	14.96
2020/2021	68	24.44	15.20

数据来源：美国农业部。

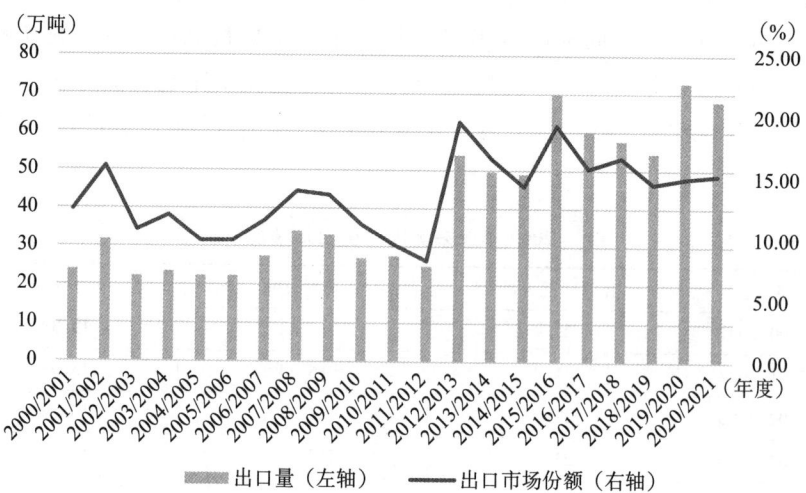

图6-18 2000年以来美国花生出口量及市场份额

数据来源：美国农业部。

与2012/2013年度出口量激增相对应，当年度美国花生出口的市场份额达到最高的19.55%，且是唯一最接近20%的年份；由于全球花生出口规模总体在扩大，而美国花生出口在2012/2013年度前后的两个阶段保持相对平稳，美国的出口市场份额在2012/2013年度以前一直保持在9%—14%（2001/2002年度除外）。2012/2013年度之后，美国的出口市场份额保持在

14%—20%，比上一个阶段平均提升了5%。

从近20年美国花生出口量占产量的比重来看，2005/2006年度最低为10.10%，2019/2020年度最高为29.4%，平均增长18%左右，远低于同期美洲国家的阿根廷（69.05%），不过明显高于亚洲的中国和印度（9.87%）。

（二）世界花生进口情况及分布地区

与花生出口国集中度较高相比，花生进口国相对分散，主要分布于欧洲、亚洲和美洲（见图6-19和图6-20）。

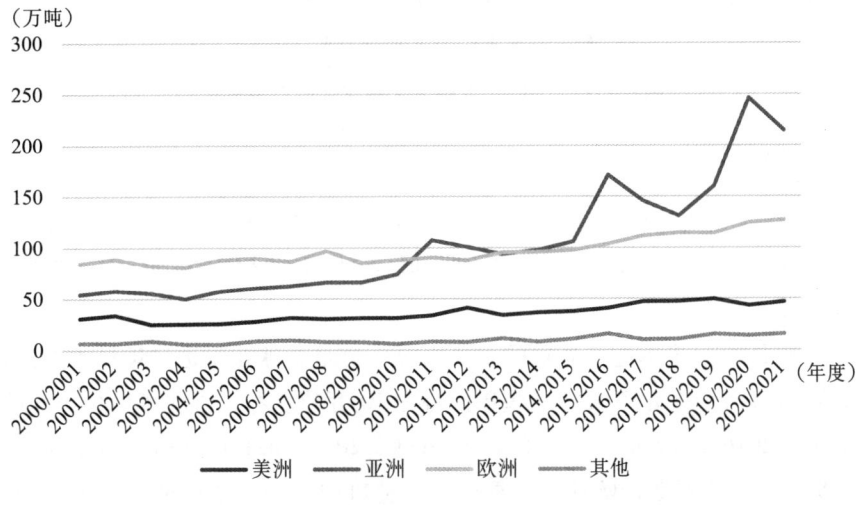

图6-19 2000年以来三大洲花生进口量

数据来源：美国农业部。

1. 欧洲

欧洲是传统的花生进口地区，近20年来，在全球花生年度进口总量中，前10年欧洲进口量占比一直高于44%，且一度达到50%；后10年占比有所下降，但仍处于30%以上，平均接近41%。亚洲是花生进口的主要增量地区，即全球花生进口的新增需求主要来自亚洲；近20年来，亚洲花生进口量占比总体保持增长态势，由初期数年的30%提高至2019/2020年度最

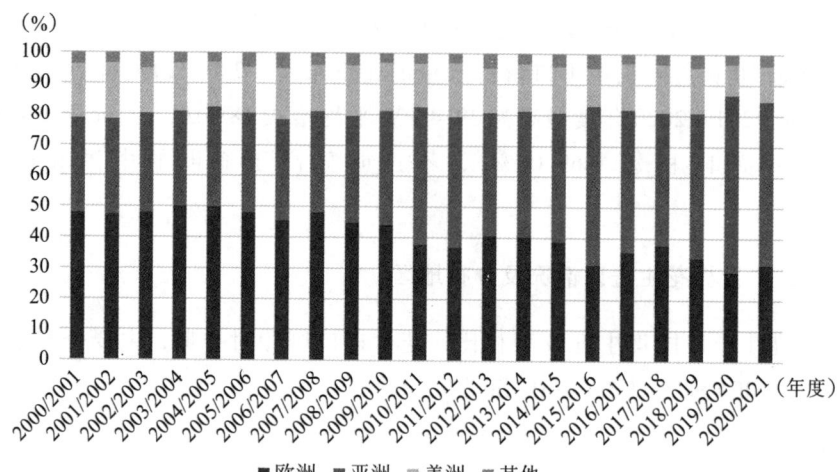

图 6-20 2000 年以来三大洲花生进口量占比

数据来源：美国农业部。

高的 57.62%，并在 2010/2011 年度超过欧洲，此后绝大多数年份里保持领先。同期，美洲进口量有所增加，但全球占比相对稳定，主要介于 12%—18%。

欧盟是欧洲花生进口需求的主要来源，也是全球花生进口量最大的经济体，不过进口量变化不大，早些年保持在 70 万吨左右，近些年增加至 80 万吨以上，2016/2017 年度首次突破 90 万吨，2020/2021 年度达到历史新高的 102.5 万吨。俄罗斯是欧洲地区重要花生进口国之一，不过进口量也较为稳定，一直保持在 10 万吨的水平，近 20 年平均进口量近 14 万吨，2016/2017 年度最高超过 18 万吨。

2. 亚洲

亚洲是花生进口的主要增量地区，即全球花生进口的新增需求主要来自亚洲。近 20 年来，亚洲花生进口量占比总体保持增长态势，由初期的 30% 提高至 2019/2020 年度最高的 57.62%，并在 2010/2011 年度超过欧洲，此后绝大多数年份里保持领先。

亚洲地区花生进口国主要包括印度尼西亚、日本、越南、菲律宾、泰国等。其中，印度尼西亚是亚洲地区的花生进口大国，在亚洲地区的占比常年在30%左右，最高接近40%；近20年其进口量总体保持增长态势，由初期的50多万吨，到2005/2006年度首次突破60万吨、2009/2010年度首次突破70万吨，再到2010/2011年度突破100万吨、2020/2021年度达到214.5万吨，累计最大增幅达到329%。

日本曾经是亚洲第二大花生进口国，仅次于印度尼西亚，但近20年来需求增量有限，进口量甚至不增反减，由初期最高的14.6万吨降至2014/2015年度最低的10.4万吨，近些年已被越南超越，与菲律宾大致相当。越南是亚洲花生进口增长最快的国家，21世纪初甚至没有进口，2010/2011年度以后出现暴增，当年度突破20万吨，2015/2016年度最高达到36.9万吨，不过此后数年明显下降，2020/2021年度为21.5万吨。相比之下，近20年来菲律宾花生进口增长较为平稳，在最初8年平均6万吨左右的基础上，中间6年平均进口量增至7.5万吨左右，最近数年进一步增至10万吨以上。泰国花生进口增长也较为稳定，但增幅较为明显，进口量由初期最低的3.7万吨增至2018/2019年度最高的10.3万吨，累计增幅达到178.37%。此外，中国作为最大的花生生产国，早期进口量很少，但近些年随着需求增长，在出口下降的同时，进口也出现明显增加，2015/2016年度进口量甚至达到54万吨，高居亚洲之首，近几年进口量保持在20万吨以上。不过，总体上中国仍维持了净出口国地位。印度作为第二大花生生产国，基本没有进口。

3. 美洲

美洲的花生进口量在近20年里有所增加，但其全球占比相对稳定，介于12%—18%。

墨西哥和加拿大是美洲地区主要的花生进口国，两国进口量合计占美洲的8成以上。相比较而言，墨西哥进口量增长较快，由2000/2001年度的9.7万吨，增至2018/2019年度的25.8万吨，累计增幅165.98%，明显高于同期加拿大56.25%的最大增幅。另外，美国作为美洲最大的花生生产国，也有一些进口，2011/2012年度最高达到11.5万吨，2020/2021年度也达到了5.2万吨，不过总体上也维持着净出口的格局。

2000年以来世界及部分国家花生进口量见表6-10。

表 6–10　　2000 年以来世界及部分国家花生进口量　　　　单位：万吨

年度	全球	欧盟	印度尼西亚	加拿大	墨西哥
2000/2001	176.6	70.9	15.2	11.2	9.7
2001/2002	187.3	74.1	16.8	12.1	12.3
2002/2003	172.1	68.9	15.5	11.3	10.2
2003/2004	162.1	68	11.4	12.4	11.1
2004/2005	176.6	72.4	15.1	11.7	12.3
2005/2006	187.1	73.9	19.3	12.3	13.3
2006/2007	190.7	70.8	20.9	12.6	15.5
2007/2008	201.7	80.8	25.3	13.2	13.3
2008/2009	190.8	71.7	23.9	12.3	14.5
2009/2010	199.6	74.5	27.5	12.9	14.5
2010/2011	239.9	74.9	29.2	12.7	17.3
2011/2012	237.3	73.1	22.8	12.1	16.9
2012/2013	234.5	82.3	34.3	12.7	14.8
2013/2014	237.6	79.7	30.8	14.1	17.1
2014/2015	252	81.6	24.1	14.2	18
2015/2016	330.6	86	24.2	15.8	19.1
2016/2017	314.1	90.9	38.1	16.7	21.5
2017/2018	303	94.7	43.7	15.7	22
2018/2019	338.7	91.2	44.6	16.7	25.8
2019/2020	427.3	100.7	39.9	17.5	18.2
2020/2021	403.4	102.5	42.5	17.5	22

数据来源：美国农业部。

五、世界花生与中国花生在消费结构上有何不同？

（一）全球花生消费结构与消费量

全球花生消费量呈现逐年增加态势，2020 年达历史峰值水平，主要原因是 2020 年美国和印度国内花生消费量出现明显增长。据 USDA 数据显示，2020 年全球花生消费量为 4758 万吨，较 2019 年的 4699 万吨增加了 1.26%。全球花生消费结构较为集中，中国是全球最大的花生消费国，远远高于第二大消费国印度。此外，花生主要消费国还包括尼日利亚、美国和印度尼西亚。据 USDA 数据显示，2020 年中国花生国内消费量为 1790 万吨（占比 37.62%），印度花生国内消费量为 554 万吨（占比 11.64%），尼日利亚花生国内消费量为 395 万吨（占比 3.80%），美国花生国内消费量为 231.3 万吨（占比 4.86%），印度尼西亚花生国内消费量为 139 万吨（占比 2.92%）。全球花生国内消费分为压榨消费和非压榨消费。压榨消费量历年基本保持在平稳水平，非压榨消费量呈现逐年上升态势。据 USDA 数据显示，2020 年全球花生压榨量为 18.9 百万吨，较 2019 年均有所回落，但总体保持高位，而非压榨消费为 28.68 百万吨，为历史峰值水平（见图 6-21）。

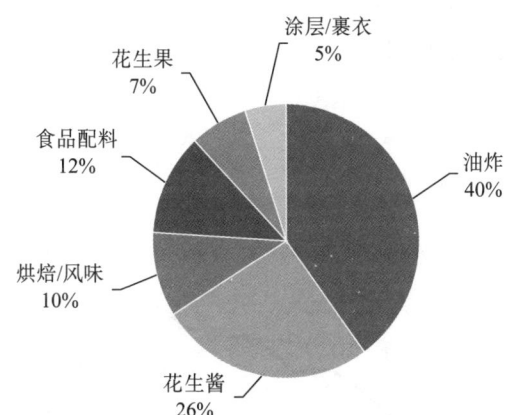

图 6-21　近几年国际市场不同花生消费方式占的比例

从全球角度来看，近 20 年来花生总消费量保持稳步增长态势。USDA 数据显示，2020/2021 年度全球花生总消费量为 4636.4 万吨，为历史新高水平。花生蛋白饼粕 600 万吨以上，2020/2021 年度全球花生食用消费量、压榨消费量、饲用消费量分别为 2212 万吨、1888 万吨、624 万吨，占比分别为 46.70%、40.72%、13.45%（见图 6-22 和图 6-23）。从近 20 年的消费分项数据来看,食用消费为整体消费增长的主要动力,2020/2021年度全球花生食用消费为2212万吨,相比2001/2002年度的1551万吨增长42.62%,2020/2021年度全球花生压榨消费为1888万吨,相比2001/2002年度的1646万吨增长14.7%,2020/2021年度全球花生饲用消费为624万吨,相比2001/2002年度的317万吨增长99.37%;从整体占比角度来看,食用消费占比较为稳定,2020/2021年度占比为46.83%,略高于2001/2002年度的44.12%,压榨消费占比有所下滑,2020/2021年度占比为39.97%,低于2001/2002年度的46.85%,饲用消费占比有所上升,2020/2021年度占比为13.21%,高于2001/2002年度的9.03%。全球各主要消费地区的消费方式主要受经济社会发展水平以及饮食习惯的影响。欧美、澳大利亚等国家和地区花生种植面积很少,相对依赖进口,几乎全部为食用,只有食品加工的废料才用于榨油。使用方式也更加多样,油炸、烤果、烤仁、涂层和花生酱的包装食品是主要消费方式。花生还被越来越广泛地作为食品用料,用量稳中有升。非洲是花生主产地区,但是由于经济发展较为落后,各主产国花生榨油的比例仍高于食用。

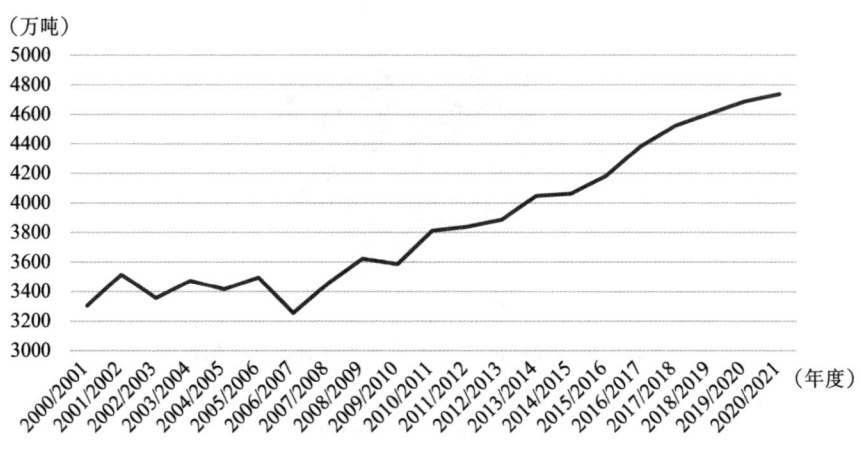

图6-22 全球花生总消费量

数据来源:美国农业部。

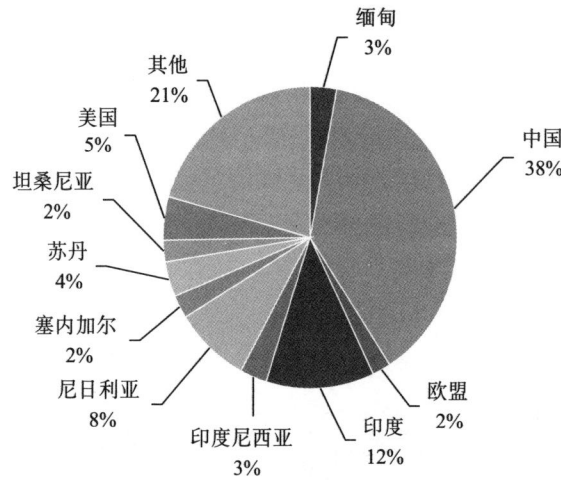

图 6-23　2020—2021 年度全球花生消费分布饼图

数据来源：美国农业部。

亚洲的中国和印度是世界花生种植的主要国家。亚洲国家的花生消费受饮食习惯和经济发展水平的影响，主要仍以家庭烹饪和餐馆消费为主。但近年来，加工的小包装零食和食品工业配料用量增长迅猛。

（二）国内花生消费结构与消费量

国内花生主要用作压榨、食用和饲料消费三大类，目前国内花生消费总量逐年增加，压榨和食用消费量均有所上升，饲料消费基本稳定。从 USDA 数据来看，其中压榨消费位于首位，近 20 年我国花生压榨消费占比在 50%—55% 波动。2020 年我国花生压榨量为 935 万吨，占比约为 51.68%。食用消费 745 万吨，占比约为 41.62%，饲料、种用及损耗仅占总消费的 6.7%。

从整体消费量来看，近 20 年这三类消费都呈现增长态势，2020/2021 年度食用消费量为 735 万吨，相比 2001/2002 年度的 587.5 万吨增长 25.1%，2020/2021 年度压榨消费量为 935 万吨，相比 2001/2002 年度的 680 万吨增长 37.5%，2020/2021 年度饲用消费量为 120 万吨，相比 2001/2002 年度的 94 万吨增长 37.65% 见图 6-24 至图 6-27。

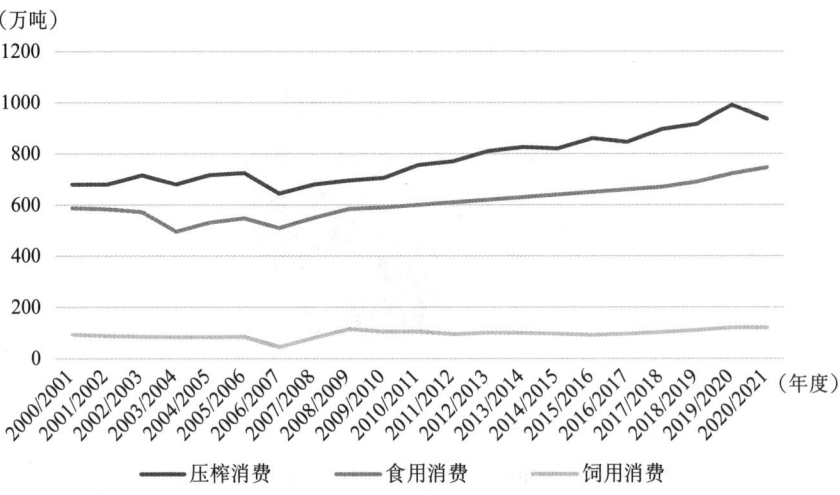

图 6–24　国内花生消费量

数据来源：美国农业部。

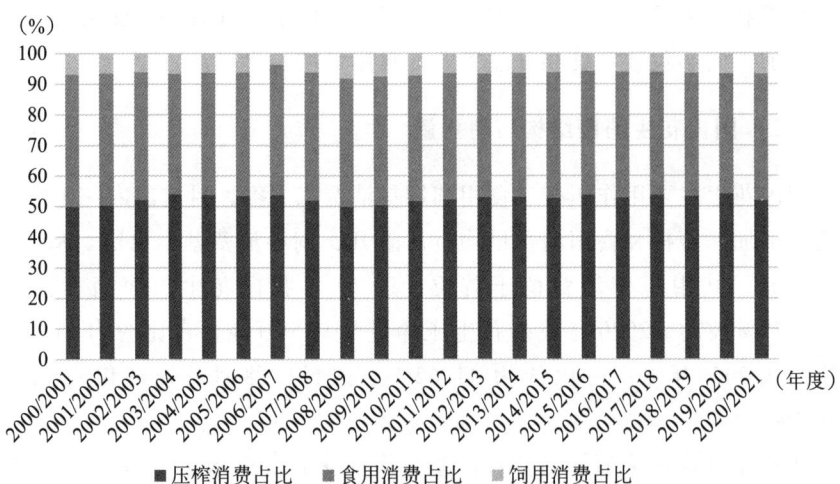

图 6–25　国内花生消费占比

数据来源：美国农业部。

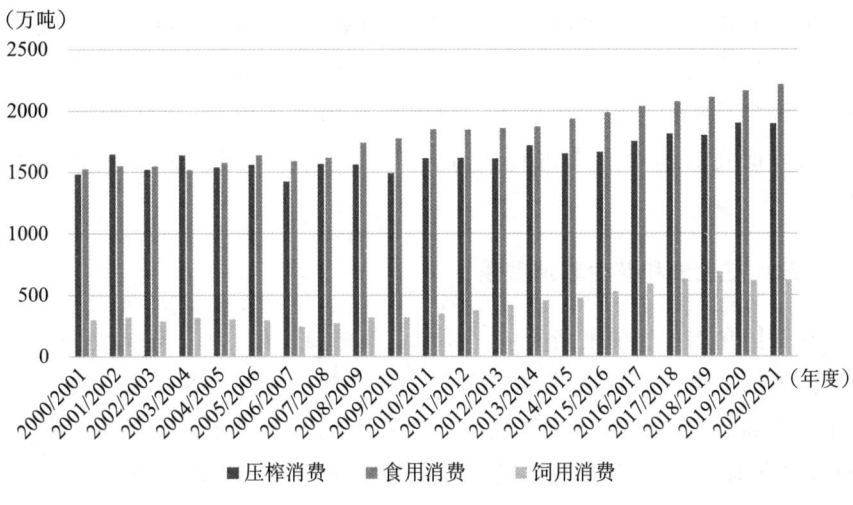

图 6-26 全球花生消费情况

数据来源：美国农业部。

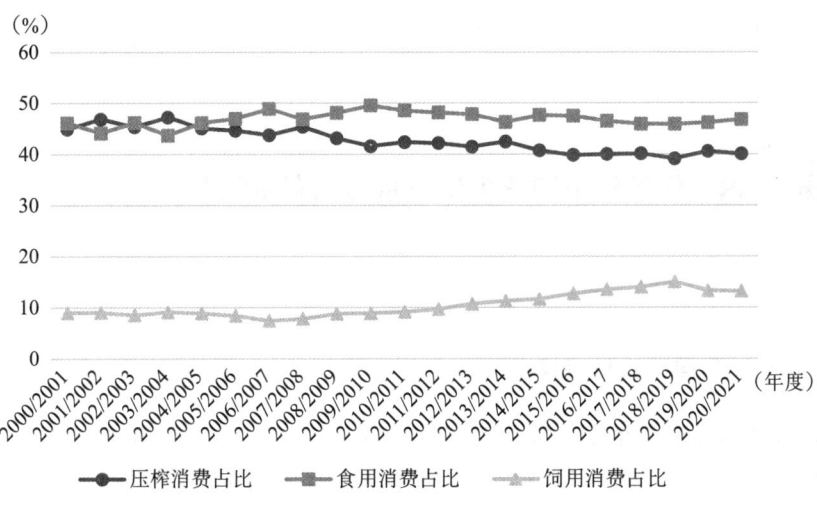

图 6-27 全球花生消费占比

数据来源：美国农业部。

另外，花生与大豆、菜籽、棉籽等油料作物存在竞争替代关系，花生的含油率为50%，出油率约为40%，均高于其他油料作物。

但需要注意的是，因国内花生种植环节集中度较低，多数农户种植面积很小，农户收获后留种与自留消费（由小型榨油坊压榨或直接食用）比例极高，许多品质较好的花生仁流通到农贸市场后被小型榨油坊压榨进行销售，若以最终的消费形态进行区分，压榨成花生油的实际数量相对难以统计。

（三）花生油和花生粕消费量

在我国食用植物油消费领域，豆油、菜籽油，花生油、棕榈油四大油脂占全国植物油食用消费量的90%以上，其中花生油占比8.89%。随着全国食用植物油消费的逐年快速增加，我国花生油消费量也出现较大增长。据USDA数据显示，2020年我国花生油国内消费量为317.5万吨，较2010年的247.6万吨增加了28.23%。

近年来，我国花生蛋白粉消费量逐年缓慢增长。在消费结构方面，我国花生粕（蛋白粉）产量全部用于饲料消费。据USDA数据显示，2020年中国花生粕（蛋白粉）产量为370万吨。

六、你了解中国花生供应量与消费量吗？

（一）我国花生供应情况

生产情况全球角度来看，近20年来花生总产量保持稳步增长态势。据USDA数据显示，2020/2021年度全球花生总产量为4778万吨，为历史新高水平，相比2001/2002年度的3566万吨增长34%。全球花生生产主要集中在中国和印度，二者累计产量在全球的占比为51%，其次是尼日利亚、美国、苏丹等国家，其他单个国家的花生产量在全球的占比不超过10%。

根据美国农业部报告数据，自1976/1977年度起，中国花生产量启动上升趋势，2020/2021年度花生产量预估1750万吨，仅次于上年度1752万吨，是历史记录次高水平，比1976/1977年度翻了8倍以上。尽管花生产量保持增长趋势，但是市场需求同样旺盛，2019/2020年度进口量几乎同比翻3倍的增长，侧面说明市场供应仍需要得到补充。2020/2021年度进口量在100万吨左右，占总供应量5%左右，是历史次高水平，也显示出对市场需求性的预测。

(二) 花生消费总体情况

1. 花生消费总量

花生蛋白含量高，营养丰富，深受我国消费者喜爱。我国是世界上最大的花生生产国，也是最大的花生消费国，2020/2021年度国内花生消费总量达到1750万吨，较十年前增长21.21%。过去20年，除了2003年、2006年因花生产量大幅减少，花生消费量出现下滑外，其他年度花生消费量整体保持稳定增长态势（见图6-28）。

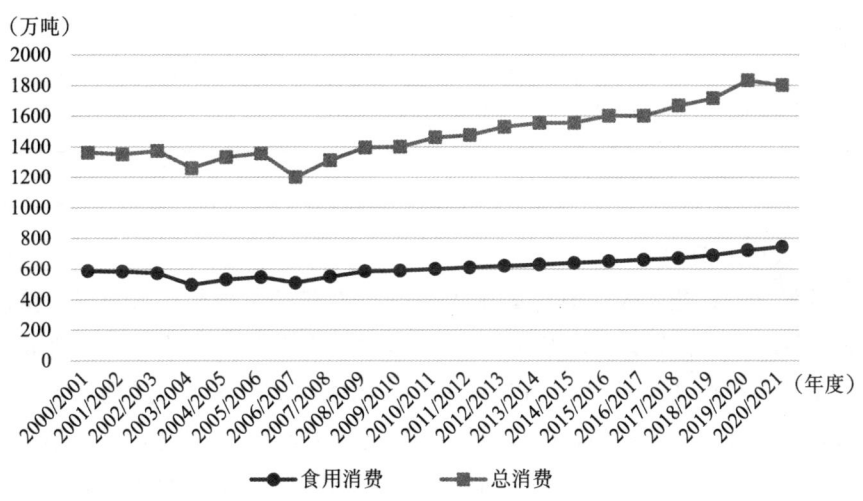

图6-28 我国花生历年消费情况

数据来源：美国农业部。

我国花生消费主要有食用消费和榨油消费两种。随着经济的持续快速发展和人民生活水平的不断提高，我国花生食用消费保持稳定增加态势，但花生榨油消费存在较强的弹性，主要原因是花生油与其他油脂存在较强替代关系（见表6-11）。

表 6–11　　　　2010—2020 年我国花生供需平衡表　　　　单位：万吨

项目	2010/2011	2011/2012	2012/2013	2013/2014	2014/2015	2015/2016	2016/2017	2017/2018	2018/2019	2019/2020	2020/2021
生产量	15136	15302	15792	16082	15901	15961	16361	17092	17333	17520	17500
进口量	72	38	27	27	161	540	295	234	466	1353	1000
年度总供给量	15208	15340	15819	16109	16062	16501	16656	17326	17799	18873	18500
食用消费量	6000	6100	6200	6300	6400	6500	6600	6700	6900	7220	7450
榨油消费量	7550	7700	8100	8250	8200	8600	8450	8950	9150	9900	9350
年度国内消费量	14604	14751	15303	15544	15561	16018	16012	16675	17153	18319	18000
出口量	604	589	516	565	501	483	644	651	646	554	500
年度需求总量	15208	15340	15819	16109	16062	16501	16656	17326	17799	18873	18500

数据来源：美国农业部。

2. 人均消费量

数据显示，花生人均消费量在 2011—2020 年持续增长，人均消费量从 2011 年的 11.1 千克增至 2020 年的 12.5 千克，年均增幅不大，主要因花生产量增长趋势放缓（见表 6–12）。另外，花生油价格偏高，受到低价豆油和棕榈油的冲击，压榨消费增幅缓慢；烘焙食用消费也受到休闲食品细分市场不断丰富的影响。预计未来我国花生人均消费量仍将保持低速增长。

表 6–12　　　　2011—2020 年花生人均消费量

年份	人口（万人）	花生消费量（万吨）	人均消费量（千克）
2011	134735	149.9	11.1
2012	135404	152.8	11.3
2013	136072	155.0	11.4
2014	136782	157.0	11.5

续表

年份	人口（万人）	花生消费量（万吨）	人均消费量（千克）
2015	137462	159.5	11.6
2016	138271	161.7	11.7
2017	139008	170.2	12.2
2018	139538	170.0	12.2
2019	140005	183.2	13.1
2020	143932	180.0	12.5

数据来源：国家统计局、国家粮油信息中心，美国农业部。

3. 区域性消费

我国的花生消费呈现"华北地区为主，全国各地区均有分布"的态势。其中，华北地区因花生加工企业聚集，压榨消费几乎都在华北地区，而且当地花生食品加工企业众多，花生加工集中，下游产品及花生制品则销往其他地区。预计华北地区花生加工消费量占全国总消费量的75%。其他地区主要以花生油或者花生加工品消费为主。

4. 不同形式消费情况

我国花生消费主要分为食用消费和压榨消费两大类，另外花生及制品出口和种用等也是需求来源。其中，食用消费，包括花生烘焙后直接食用和食品深加工产品；花生含油率高，花生油作为风味油脂深受广大居民的喜爱，是我国主要的食用植物油之一，压榨成为花生消费的重要用途。榨油消费约占国内花生消费量的50%，花生压榨后生产的花生油直接食用，花生粕则作为蛋白原料进入饲料加工领域；出口和农村留种自用约占7%（见图6-29）。由于出口和农村留种自用量相对稳定，对国内花生供需变化影响较小，花生消费需求主要还是满足国内食用和榨油需求。

过去20年，花生榨油消费量占花生总消费量的比重在49%—54%，2006/2007年度我国花生榨油消费占比降至43.9%，当年花生产量大幅下滑，花生油价格走高需求降低，抑制花生压榨消费需求；2017/2018年度花生榨油消费占为49.4%，主要因大豆压榨量增幅放缓，豆油产出下降，需要花生油等油脂增加供应。近几年来，随着我国花生产量的增加，榨油消费持续增加。2020/2021年度花生榨油消费量为935万吨，较上年略减55万吨，

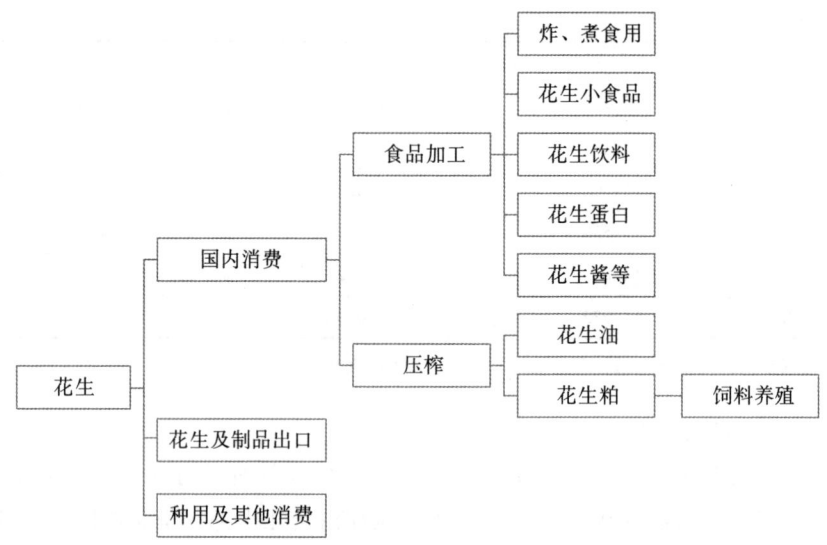

图 6-29 我国花生消费主要形式

较 2008/2009 年度的 695 万吨增加 34.53%，较 2000/2001 年度的 680 万吨增长 37.5%，为历史次高水平。

随着经济的发展和人民生活水平的提高，花生的营养价值逐渐被重视和开发，花生食品消费人数和数量稳步增加。2020/2021 年度我国花生食用消费量为 745 万吨，较上年增加 23 万吨，较 2008/2009 年度的 585 万吨增长 27.35%，较 2000/2001 年度的 587.5 万吨增长 26.8%。我国花生食用消费占国内花生产量的比重由 1994/1995 年度的 32% 提升至并稳定在目前的 44% 左右，2006/2007 年度最高曾达到 42.53%。过去 20 年，除个别年份因为大幅减少导致消费减少外，我国花生食用消费整体呈现持续增长态势，自 2007 年以来已连续 14 年保持正增长。这与我国经济持续快速发展，人民可支配收入提高有直接关系。

七、中国花生油需求量是多少?

花生油（Peanut Oil）是花生经压榨或浸出后得到的油脂，一般呈现淡黄色、清亮透明、气味芬芳。花生油含不饱和脂肪酸80%以上（主要是油酸和亚油酸），还含有软脂酸、硬脂酸和花生酸等饱和脂肪酸19.9%，脂肪酸构成比例较好，易于人体消化吸收。此外，花生油中还含有甾醇、麦胚酚、磷脂、维生素E、胆碱等对人体有益的物质。经常食用花生油，可以降低血液中胆固醇含量，防止皮肤皲裂老化，保护血管壁，防止血栓形成，有助于预防动脉硬化和冠心病。花生油中的胆碱，还可以改善人脑的记忆力，延缓脑功能衰退。

（一）我国花生油生产

我国既是世界上花生产量最大的国家，也是花生油产量最大的国家，最近10年，我国花生油产量一直保持在200万吨以上，约占全球花生油总产量的40%—50%。花生油是我国生产的第三大植物油品种，过去10年，我国花生油产量总体呈现增加的趋势，2017/2018年度我国花生油产量创下316.8万吨的历史最高纪录。2020/2021年度我国花生油产量为299.2万吨，较上年度减少3万吨，但较2010/2011年度的241.6万吨增加57.6万吨，累计增幅为23.8%，年均增幅为2.0%（见表6-13）。

尽管我国花生油产量持续增加，但由于大豆进口量和压榨量的大幅提高，国内豆油产量增幅远高于花生油，导致花生油占国内植物油总产量的比重呈现下降趋势。2010/2011年度我国花生油产量占国内植物油总产量的比重为12.4%。根据国家粮油信息中心数据，2020/2021年度我国花生油产量占国内植物油总产量的比重为10.5%，较10年前下降了1.9个百分点。

表 6-13　　　　　最近 10 年我国花生油和植物油产量

年度	花生油产量（万吨）	占国内植物油总产量比重（%）	国内植物油总产量（万吨）
2010/2011	241.6	12.4	1948.3
2011/2012	246.4	11.5	2138.1
2012/2013	259.2	11.4	2268
2013/2014	264	11.0	2396.3
2014/2015	262.4	10.6	2485.9
2015/2016	275.2	10.7	2578
2016/2017	270.4	10.1	2675.5
2017/2018	286.4	10.3	2777.2
2018/2019	292.8	11.1	2643.1
2019/2020	316.8	11.5	2763.9
2020/2021	299.2	10.5	2856.8
累计增幅（%）	23.8	—	46.6
年均增幅（%）	2.16	—	3.90
11 年平均产量	274.0	—	2502.8

注：花生的市场年度为当年 10 月到次年 9 月。

数据来源：美国农业部。

（二）我国花生油贸易

我国花生油生产区较为集中，但销售区却较分散，除了传统的主销区外，近年来非主销区花生油消费不断增加，每年有大量花生油由主产区运往主销区和全国各地。国内花生油贸易和运输以散装为主，终端消费以小包装为主。国内大型花生油加工集团一般在主销区都建有灌装厂，花生油主销区和各地油脂加工企业都是通过现货贸易方式，从主产区采购散装花生油，在当地灌装后投放终端市场。

我国花生油的生产和消费主要集中在国内，进出口贸易数量相对较少，对国内外植物油市场影响不大。2007 年之前，我国为花生油净出口国，年净出口量在 1 万—2 万吨。2007—2008 年上半年国内植物油价格大幅上涨，花生油价格一度超过 2 万元/吨，进口利润丰厚，我国花生油进口量开始增加、出口量下降。2008/2009 年度开始，我国由花生油净出口国转为净进口国，并一直维持至今。2020/2021 年度我国花生油进口量为 30 万吨并创下了历史最高纪录，出口量只有 1.2 万吨。最近 11 年我国花生油进出口量见表 6-14。

表 6-14　　　　最近 11 年我国花生油进出口量　　　　单位：万吨

年度	进口量	出口量	净进口量
2010/2011	6.8	0.8	6.0
2011/2012	6.2	0.9	5.3
2012/2013	6.5	0.6	5.9
2013/2014	7.4	1.0	6.4
2014/2015	14.1	0.8	13.3
2015/2016	11.3	1.0	10.3
2016/2017	11.1	0.8	10.3
2017/2018	11.2	1.0	10.2
2018/2019	17.2	0.9	16.3
2019/2020	22.6	1.2	21.4
2020/2021	30.0	1.2	28.8
累计增幅（%）	341.2	—	380.0
年均增幅（%）	16.0	—	16.98
11 年平均	131.27	9	122.0

数据来源：美国农业部。

我国花生油进口来源国主要是印度、塞内加尔、阿根廷和巴西，从这四国进口花生油数量占我国花生油进口总量的比重超过 90%。最近 10 年，我国花生油出口量在 0.6 万—1.2 万吨，出口国家和地区主要是日本和中国香港。

（三）我国花生油消费

我国花生油传统消费区主要集中于华北黄淮流域的河北省、山东省、河南省，以及华南地区的福建省、广东省和广西壮族自治区。近年来，随着人民生活水平的提高和人员流动性加大，非传统消费区的花生油消费量也在不断增加。

最近10年，我国花生油消费量呈现增加的趋势，但受花生产量难以大幅增加以及花生和花生油进口量难以大幅增加的影响，我国花生油供应和消费增长缓慢（见表6-15）。2020/2021年度国内花生油总消费量为328万吨，较2010/2011年度的247.6万吨累计增加80.4万吨，累计增幅达32.5%，年均增长率为2.6%，但低于同期国内植物油消费量的年均增长率4.0%和豆油消费年均增长率4.4%。由于花生油消费增速较慢，国内花生油消费占植物油食用消费量的比重呈现下降趋势，2020/2021年度我国花生油消费占植物油食用消费量的比重为5.3%，较2010/2011年度的6.2%下降0.9个百分点。

表6-15　　　　　最近10年我国植物油消费情况　　　　　单位：万吨

年度	花生油食用消费量	豆油食用消费量	植物油食用消费量
2010/2011	247.6	1140	3983.3
2011/2012	251.7	1205	4187.7
2012/2013	265.1	1255	4422.4
2013/2014	270.4	1365	4696
2014/2015	275.7	1420	4902.3
2015/2016	285.5	1535	5164
2016/2017	280.7	1635	5352.4
2017/2018	296.6	1650	5485.8
2018/2019	309.1	1588.5	5544.6
2019/2020	338.2	1709.3	5957.9
2020/2021	328	1833.2	6173.1
累计增幅（%）	32.5	69.4	60.0
年均增幅（%）	2.85	4.86	4.48

数据来源：美国农业部。

八、中国花生食品需求量是多少?

我国花生食品消费主要有两种,一种是直接食用,包括鲜食带壳花生和脱壳花生炒、煮、炸后直接食用;另一种是生产花生制品。花生食品加工产品最常见的是花生小食品类,作为食品类的花生制品种类繁多,主要有风味各异的咸花生类食品和以花生为主要原料的花生糖果、糕点等。近年来,我国花生食品加工业快速发展,以花生为原料生产的花生制品种类不断增加。如以花生或花生蛋白粉为原料生产的各类花生蛋白饮料、花生蛋白粉、花生酱、花生酱油、花生豆腐等。

受我国经济持续快速发展、人民生活水平不断提高和人口净增长的影响,我国花生食品消费量呈现出不断增加的趋势。2020/2021年度我国花生食用消费量为745万吨,较2011/2012年度的610万吨累计增加135万吨,累计增幅为22.1%(见表6-16)。

表6-16 最近10年我国花生消费情况

年度	花生食用消费量 (万吨)	所占比重 (%)	花生榨油消费量 (万吨)	国内消费量 (万吨)
2011/2012	610	41.4	770	1475
2012/2013	620	40.5	810	1530
2013/2014	630	40.5	825	1554
2014/2015	640	41.1	820	1556
2015/2016	650	40.6	860	1602
2016/2017	660	41.2	845	1601
2017/2018	670	40.2	895	1668
2018/2019	690	40.2	915	1715
2019/2020	722	39.4	990	1832
2020/2021	745	41.4	935	1800
累计增幅(%)	22.1	—	21.4	22.0
年均增幅(%)	2.25	—	2.18	2.24

注:花生的市场年度为当年10月到次年9月。

数据来源:美国农业部。

九、中国花生粕市场的供应和消费状况如何?

花生粕是以脱壳后的花生仁为原料,经取油后的副产品。呈淡褐色或深褐色,形状为小块或粉状。花生粕营养价值较高,由于粗纤维含量低于5%,使花生粕的代谢水平均高于其他饼粕饲料。花生饼粕含有丰富的粗蛋白,压榨饼含量在44%左右,浸出粕含量在47%左右。另外,花生粕含有赖氨酸、精氨酸、蛋氨酸等必需氨基酸,但含量除精氨酸含量达到5.2%以外,其他氨基酸含量均较低。因此,当花生粕作为饲料的时候,适合与玉米、豆粕等赖氨酸含量较高的饲料原料搭配使用。此外,花生粕还有丰富的淀粉、糖、不饱和脂肪酸、维生素B等,维生素及矿物质含量与其他饼粕类相似。

花生粕中营养成分含量随着粕中含壳量多少而有差异,含壳量越多,粕的粗蛋白质及有效能值就越低。花生果仁中含有胰蛋白酶抑制因子,加热可将抑制因子破坏,但温度过高会影响蛋白质的利用率。

花生粕很容易感染黄曲霉菌而产生黄曲霉毒素。黄曲霉毒素种类较多,其中毒性最大的是黄曲霉毒素B1,蒸煮、干热对去除黄曲霉毒素的效果不大,因此饲料养殖企业在使用花生粕时,对黄曲霉毒素要求严格检测。

(一) 花生粕生产

随着我国花生产量不断增加,最近10年来,我国花生粕年产量呈上升趋势,2020/2021年度我国花生粕产量达到374万吨,较2011/2012年度的308万吨增加了66万吨,累计增长率为21.4%(见图6-30)。

由于花生收购的季节性较强,加上花生储存困难,国内花生压榨企业普遍采用集中收购集中压榨的模式,花生粕的供应也呈现较强的季节性。国内花生压榨企业一般在当年第四季度和来年第一季度开工率相对较高,花生粕供应量也相对较大。

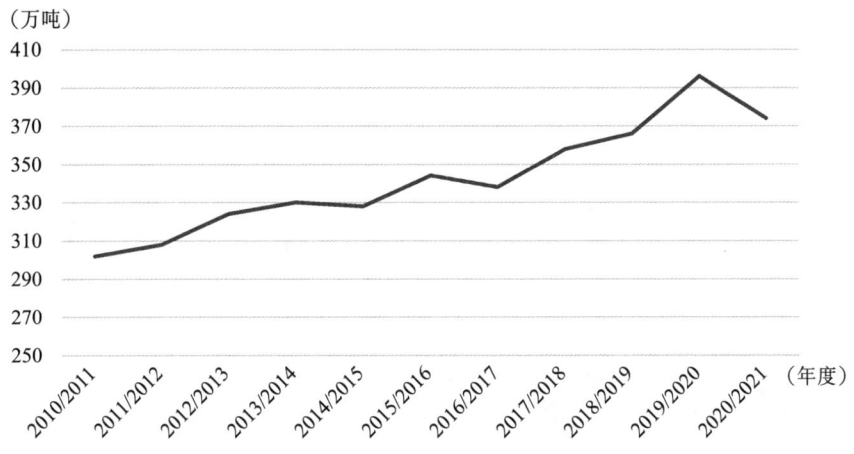

图 6-30 中国近 10 年花生粕产量

数据来源：美国农业部。

（二）花生粕进出口

我国花生粕进口数量较少，2011—2016 年，花生粕年进口量基本维持在 1 万—4 万吨，2017 年受中美经贸摩擦影响，我国鼓励菜粕、花生粕的进口，花生粕进口数量有所增加，2017/2108 年度我国花生粕进口量约 12.3 万吨（见图 6-31）。与进口形势相似，我国花生粕出口数量也较为有限，以往 10 年间，我国花生粕出口数量在 2000—4000 吨，出口量还不足总消费量的 0.5%。

（三）花生粕消费

花生粕是优质的蛋白饲料原料，蛋白含量在 46% 以上，较豆粕高出 3—5 个百分点，大量用于饲猪、鸡等单胃动物及反刍家畜，适口性很好。但由于花生粕的氨基酸组成欠佳，同时亦感染黄曲霉菌，所以饲用量受到一定限制。

随着国内花生产量和压榨量的提升，过去 10 年，我国花生粕消费量也呈稳中上升趋势（见图 6-32）。2020/2021 年度国内花生粕消费量达到 384 万吨，较 2011/2012 年度的 308 万吨增加 24.7%。受中美贸易摩擦影响，

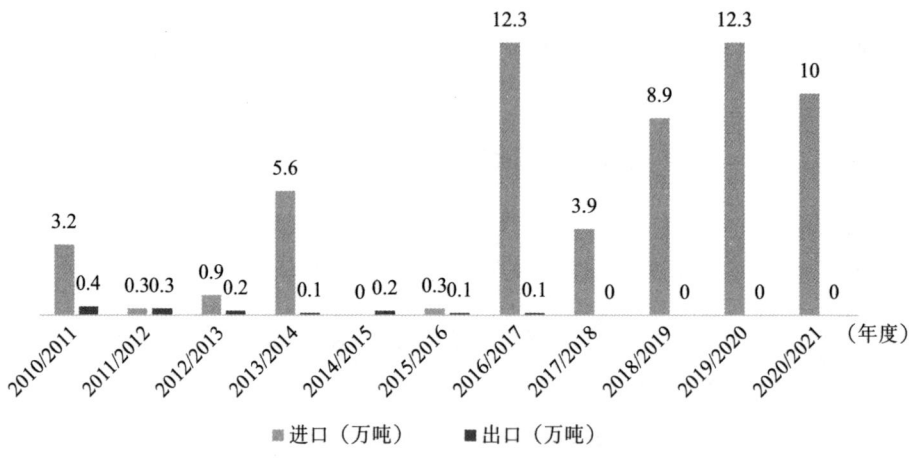

图 6-31 我国花生粕进出口情况

数据来源：美国农业部。

2018年国内豆粕价格一度大幅上涨，花生粕的价格优势凸显，饲料养殖企业提高了花生粕在饲料中的添加比例。

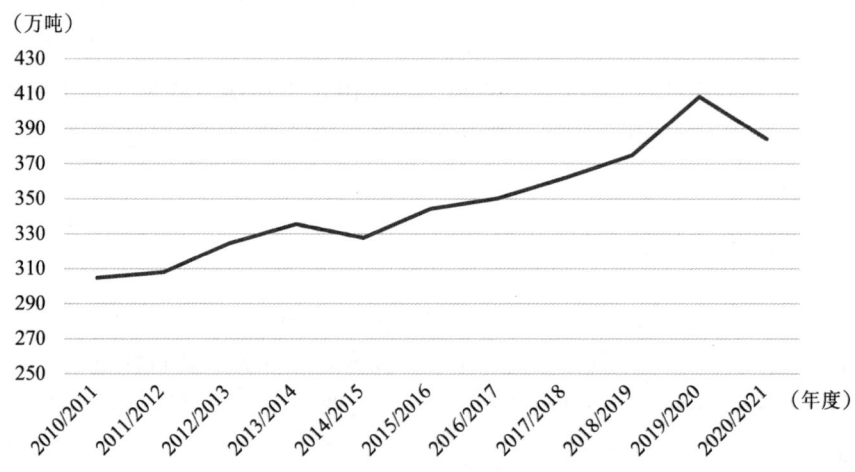

图 6-32 国内花生粕年度消费变化情况

数据来源：美国农业部。

国内花生粕价格与豆粕、菜粕消费具有很强的关联性,因为三者之间有较强的替代性。过去10年,我国花生粕消费年度消费增速低于国内蛋白粕的消费增长,一方面是国内花生产量和进口量难以大幅增加,可用于压榨的花生数量受限,抑制花生粕产量的增长幅度。另一方面,我国大豆进口和压榨量大幅增加,使得豆粕供给量持续快速增长。2020/2021年度国内豆粕总供给量达到7609万吨,较2011/2012年度的4843万吨增加近1.57倍,豆粕供给逐年增加带动国内蛋白粕消费快速上升。

十、谁能替代花生油与花生粕?

(一)花生油替代品

花生油是一种比较容易消化的食用油,它不含反式脂肪或胆固醇,也几乎不含饱和脂肪。食用油也称为"食油",是指在制作食品过程中使用的动物或者植物油脂。常温下为液态。市面上有很多可以买得到的花生油的替代品。由于原料来源、加工工艺以及品质等原因,常见的食用油多为植物油脂,包括棕榈油、大豆油、花生油、菜籽油、玉米油、葵花子油、亚麻籽油(胡麻油)、橄榄油、火麻油、山茶油、芝麻油、葡萄籽油、核桃油、牡丹籽油等。

1. 棕榈油

棕榈油是一种热带木本植物油,是目前世界上生产量、消费量和国际贸易量最大的植物油品种,与大豆油、菜籽油并称为"世界三大植物油",拥有超过五千年的食用历史。

棕榈油由油棕树上的棕榈果压榨而成,果肉和果仁分别产出棕榈油和棕榈仁油,传统概念上所言的棕榈油只包含前者。棕榈油经过精炼分提,可以得到不同熔点的产品,分别在餐饮业、食品工业和油脂化工业拥有广泛的用途。东南亚和非洲作为棕榈油的主要出产区,产量约占世界棕榈油总产量的

88%，印度尼西亚、马来西亚和尼日利亚是世界前三大生产国。目前，中国已经成为全球第一大棕榈油进口国，棕榈油消费量每年约为600万吨，占市场总量的20%。自20世纪70年代以来，棕榈油产量是各种植物油脂中增长最快的，已成为当今世界的主要食用油脂，在国际植物油市场上占有重要地位。我国由于受气候等自然条件限制，生产发展缓慢，20世纪80年代后期开始大量进口，进口量占世界棕榈油贸易量的15%以上。

油棕是世界上生产效率最高的产油植物。在马来西亚，目前每公顷油棕最多可生产大约5吨的油脂，每公顷油棕所生产的油脂比同面积的花生高出5倍，比大豆高出9倍。一般马来西亚已到成熟期的油棕，每年每公顷平均产量是4.5吨毛棕榈油。

2. 大豆油

大豆油是从大豆中压榨提取出来的一种油，通常称之为"大豆色拉油"，是最常用的烹调油之一，也是世界上最常用的食用油之一，是我国国民，特别是北方人的主要食用油之一。大豆油富含多种宝贵的营养成分，在加工成成品油后必须注意保鲜。大豆油的颜色较深，炒菜遇热后比较容易起泡。市面上的大豆油大多是精炼油，适合炒菜。

大豆油又称黄豆油。顾名思义是由黄豆压榨加工而来的。主要生产于我国东北、华北、华东和中南各区域。与其他油脂原料相比，黄豆的含油量低，只有16%—24%。为了实现最大的效益，厂家在压榨黄豆的过程中一般会使用浸出法来获取黄豆中大部分的油脂。所以，市面上能看到的豆油，大多是由浸出法所生产出来的成品油。

3. 菜籽油

菜籽油是我们俗称的菜油，又叫油菜籽油、香菜油、芸苔油、香油、芥花油，是用油菜籽榨出来的一种食用油。是我国主要食用油之一。主要产于长江流域及西南、西北等地，产量居世界首位。中国经过近10年努力，使传统的劣质高芥酸菜籽油变革成了在大宗植物油中营养品质最好的低芥酸菜籽油，到2010年我国油菜双低率达到了90%以上。

人体对菜籽油的吸收率很高，可达99%。菜籽油具有一定的软化血管、延缓衰老的功效。菜籽油简称"菜油"，主要取自甘蓝型油菜和白菜型油菜的种子（含油22%—49%，平均40%）。含蛋白质21%—27%，磷脂约

1%。这些品种的菜籽产于中国、印度、日本、巴基斯坦、瑞典、波兰、德国、智利、法国及加拿大。在欧洲，菜油来源是冬播的甘蓝型油菜。在巴基斯坦及加拿大，菜油的主要来源是夏播的白菜型油菜。我国油菜生产有很大发展，亩产量不断提高。菜籽油产量约占植物油产量的 1/3 以上。除主要产区长江和珠江流域外，其他地区也在大力发展油菜种植，因为它可利用冬闲地种植，不与大田作物争地。

几年前的菜籽油是由白菜型油菜籽榨得，而种植的油菜大部分都是甘蓝型油菜。经过种子培育，很多品种芥酸含量低于 3%，已经很少有以往的"青味"。产地不同的油菜籽脂肪酸组成有很大区别，一些油菜籽含油酸量超过 50%。

（二）花生粕替代品

我国粕类资源十分丰富，主要有大豆粕、菜籽粕、棉籽粕、花生粕、芝麻粕、油茶粕、葵花籽粕、亚麻籽粕、红花籽粕等。这些原料都富含植物蛋白，其蛋白质含量一般都在 30% 以上。这些饼粕原料经过生物发酵后，饲料外观蓬松变软，气味芳香，抗营养因子降解，营养价值显著提高，是非常优良的微生物饲料。

以下是三种常见的花生粕替代品。

1. 大豆粕

大豆粕是以大豆为原料，用低温预压浸提法取油而制备的饼粕饲料，是我国使用量最多、应用范围最广的植物性蛋白质饲料，不仅广泛地用于畜禽的配合饲料中，而且常用于水产及特种动物的饲料中。大豆蛋白是畜禽日粮中最为重要的，也是质量最好的植物性蛋白，氨基酸含量高，必需氨基酸组成比例好，尤其是赖氨酸含量可达 2.45%—2.8%，在所有饼粕饲料中属最高，赖氨酸和精氨酸的比例恰当，异亮氨酸、色氨酸和苏氨酸含量也高于其他饼粕饲料。

豆粕其实和花生粕一样都是炼油后的剩余产物，但是豆粕的营养很丰富，不但有蛋白质成分还有较高的维生素和氨基酸成分，虽然不如花生粕的油脂多，但是营养更加均衡。大豆粕营养更全面，基本不挑剔喂养范围，无论是家禽类还是水产类均适合食用豆粕，且可储存半年之久。其实花生粕和豆粕都属于比较好的饲料，从营养和储存期来看，豆粕会更胜一筹。花生粕营养比较单一并且容易滋生菌落，而豆粕营养很丰富，并且保存时间更长。花生粕喂养的家禽比较局限，而豆粕适用范围很广。

2. 菜籽粕

其粗蛋白含量应在32%以上，粗纤维含量应在12%以下。油菜是我国主要油料作物之一，我国油菜籽的95%都用作生产食用油。油菜籽的常见榨油工艺有动力旋转压榨和预压浸出工艺两种，前者的副产物是菜籽饼，后者的副产物是菜籽粕。

就营养成分而言，双低菜粕和菜籽粕的蛋白和能量较花生粕稍低。其能量价值低的原因除了高纤维含量之外，还归因于戊聚糖聚合体的存在，该物质是一种消化率很低的非淀粉多糖。高纤维和较低能值的结合限制了双低菜粕和菜籽粕在高浓度肉鸡日粮中的应用。在矿物质方面，菜籽粕和双低菜粕的钙、磷含量较大豆粕高，但将近65%的磷是以植酸磷的形式存在且不能利用。双低菜粕和菜籽粕还含有较高的硫（约1.1%，对比豆粕中的0.4%）。高硫可引起腿部异常（Summers，1989），因此在使用双低菜粕和菜籽粕时，应注意检查饲料和水中的含硫量。摄入的硫酸盐和硫元素的总量用日粮中硫元素含量表示应低于0.4%。

3. 棉籽粕

棉籽粕主要是以棉籽为原料，使用预榨浸出或者直接浸出法去油后所得产品，以区别于以压榨法取油后的棉籽饼。棉籽经过压榨后得出的棉饼，再经过浸出工艺将里面的大部分残油分离出来，得到的一种微红或黄色的颗粒状物品，它是制作饲料的主要原料，它含有的粗蛋白可达40%以上。棉籽粕在世界油料籽总产量中排第三位，1997年总产量为1560万吨。全棉籽的典型产量是50%棉籽粕、22%棉籽壳和16%棉籽油。与花生粕相比，棉籽粕的蛋白略低约41%，而纤维含量较高达11%—13%。棉籽粕所含能量受其残油的影响，这取决于采用的加工工艺方法。就氨基酸组成而言，棉籽粕在所有四种最重要的必需氨基酸（赖氨酸、蛋氨酸、苏氨酸、色氨酸）方面是非常差的。由于氨基酸的消化率很差，平衡很差，在猪禽饲料中使用棉籽粕时L-赖氨酸和D，L-蛋氨酸的添加量要高于正常量。

棉酚是棉籽粕中的已知有毒成分，棉酚使棉籽粕在作为单胃动物的饲料中受到局限。游离棉酚可使心肌和肝脏受损导致心肌水肿、呼吸困难、衰弱和食欲减退。饲粮中的棉酚还能使贮存禽蛋发生橄榄绿蛋黄，这是由蛋中的铁和棉酚发生化学反应造成的。棉籽粕还含有环丙烯脂肪酸、锦葵酸和苹婆酸。蛋鸡吃进这些物质使蛋清发生粉红色变化。已知这些物质还能干扰肝脏代谢并可能增强黄曲霉素的毒害。

 十一、中国花生及其产品进出口的特点有哪些？

（一）花生进口情况及特点

我国是传统的花生生产大国，国际贸易也以出口为主，进口为辅。我国花生的国际贸易主要包括带壳花生、去壳花生、花生制品等不同的品类。2009/2010 年度以前我国花生（无论是否带壳）进口量一直维持在 1 万吨以下，2014/2015 年度由于国际市场花生价格远低于国内，导致花生进口量快速增长，当年进口量达到 16 万吨，占全球花生进口量的 6%；2015/2016 年度进口量上升至 54 万吨，同比增长 2 倍，创历史最高纪录，约占全球花生进口量的 14%。之后几年进口有所下滑，但仍维持在 30 万吨以上。2020/2021 年度我国花生进口量为 100 万吨，较上年度减少 35.3 万吨，约占全球进口量的 24.8%。我国花生进口情况见图 6-33。

我国花生进口品类主要是去壳花生和未去壳花生，我国还进口部分烘焙花生、花生酱、花生米罐头等，但进口量都不大。表 6-17 是按照海关总署公布的最新商品代码统计的 2017—2020 年我国花生及花生制品的进口情况。随着国内种植结构的进一步调整，以及近年来花生进口快速增长，中国的花生生产、加工与贸易格局正在发生变化。据统计，2020 年我国花生进口数量达到 108.78 万吨，进口金额为 8.46 亿美元，其中进口去壳花生达到 76.52 万吨，进口带壳花生 32 万吨，均创同期历史最高纪录。

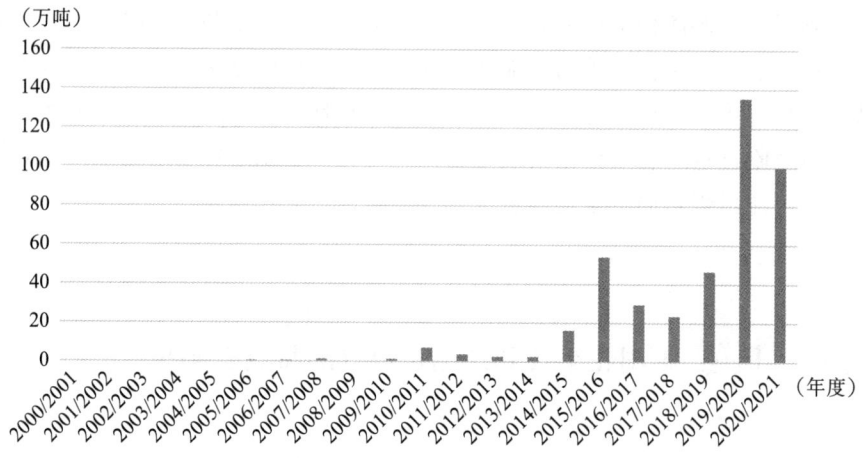

图 6-33 我国花生进口情况

数据来源：美国农业部。

表 6-17　　　　　　　　我国花生及花生制品进口情况

商品代码	商品代码名称	进口量（千克）			
		2017 年	2018 年	2019 年	2020 年
12023000	种用花生	0	54	2	0
12024100	其他未去壳花生（种用除外）	88480918	92850129	74068295	319986471
12024200	其他去壳花生（不论是否破碎）	162631699	88659586	2417019	765190761
20081110	花生米罐头	1024110	929766	643812	450406
20081120	烘焙花生	745686	548750	677488	429972
20081130	花生酱	370843	439328	539174	734990
20081190	未列名制作或保藏的花生	286239	127011	206299	1049925

数据来源：海关总署。

从进口来源国看，2020 年我国带壳花生的进口几乎全部来自美国；去壳花生的进口则主要来自塞内加尔、埃塞俄比亚；花生米罐头进口主要来自泰国和美国；烘焙花生进口的来源国较多，包括美国、印度尼西亚、泰国等，但各国进口数量都不大。

(二) 花生出口情况及特点

花生是我国相对具有竞争优势的农产品，是我国重要的出口创汇作物，我国花生出口贸易在世界花生贸易中占有重要地位。原料花生（带壳花生和去壳花生）是我国传统的出口农产品，具有悠久的国际贸易历史。在世界原料花生贸易中我国一直是净出口国。

改革开放以来，我国花生出口经历了两个阶段：1978—2002年出口量持续增加，2003年以后出口量逐渐减少（见图6-34）。美国农业部数据显示，2002/2003年度我国原料花生出口量为109.5万吨，创历史最高纪录，较2000/2001年度的82.3万吨增加33%，远远高于1978年的4.1万吨，当年我国花生出口量占全球出口总量的52.9%，远高于1990/1991年度的34.4%。2003年以来巴西、美国花生出口能增强，挤占中国出口量，我国花生出口量逐渐下滑。2020/2021年度花生出口量在50万吨，较2002/2003年度出口量减少54.34%。

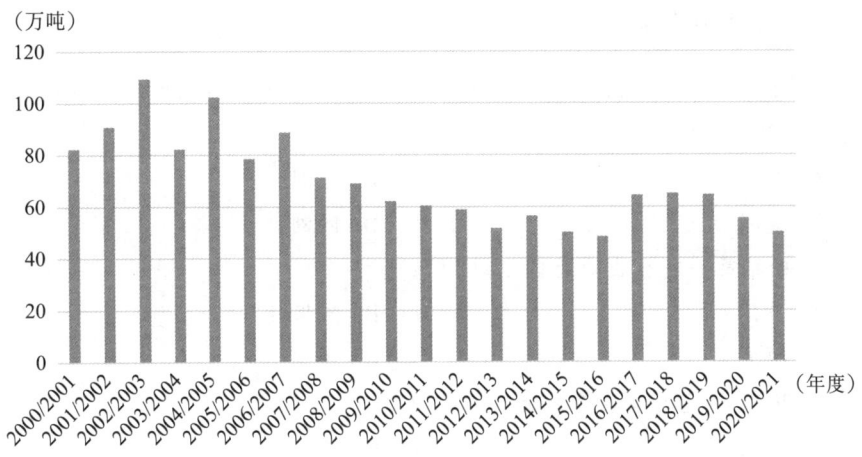

图6-34 我国花生出口情况

数据来源：美国农业部。

我国花生出口主要以去壳花生为主，过去10年出口量维持在10万—18万吨。据海关统计，2020年12月我国共出口花生仁果（未加工的，下同）

14032.24吨，同比下滑18.41%，平均价格为1609.75美元/吨，累计出口花生仁果13.16万吨。

从出口贸易对象来看，我国花生及其产品出口全球80多个国家。分地区看出口主要集中于欧洲和亚洲，但最近几年对其他各洲的出口量不断增加。近年来，我国花生出口欧洲市场的份额逐年递减，但仍是中国花生出口的主要地区，出口亚洲市场的份额有所扩大。在亚洲，中国花生的主要出口国家和地区是日本、中国香港和东盟。就近期来看，中国花生对北美和俄罗斯的出口也逐渐增加。从2020年我国花生（带壳）出口分布来看，墨西哥是中国带壳花生最大的出口国，其次是日本、德国、西班牙、荷兰、意大利、葡萄牙、波兰。

自测题

一、不定项选择题

1. 全球花生生产主要分布于（　　），这三个地区的花生产量占世界总产量的99%以上。

　　A. 亚洲　　　　　　　　　　B. 非洲
　　C. 美洲　　　　　　　　　　D. 欧洲

2. 世界第一花生出口大国是（　　）。

　　A. 美国　　　　　　　　　　B. 阿根廷
　　C. 印度　　　　　　　　　　D. 中国

3. 2020年花生消费量最大的洲是（　　）。

　　A. 非洲　　　　　　　　　　B. 亚洲
　　C. 欧洲　　　　　　　　　　D. 美洲

4. 中国花生种植面积约占世界总种植面积的（　　）。

　　A. 40%　　　　　　　　　　B. 30%
　　C. 20%　　　　　　　　　　D. 10%

5. 花生供应量包括（　　）。

A. 初期库存 B. 花生产量
C. 进口量 D. 出口量

6. 花生的主要消费是食用和压榨，其中在近5年（　　）。

A. 食用消费量　　B. 压榨消费量　　C. 食用和压榨的消费量一样多

7. 我国花生粕进口数量较少，2017年受中美经贸摩擦影响，我国鼓励菜粕、花生粕的进口，花生粕进口数量有所增加，2017/2108年度我国花生粕进口量约（　　）万吨。

A. 9.8 B. 12.3
C. 20.1 D. 15.4

8. 我国生产花生最强的省是（　　）。

A. 河南 B. 山东
C. 河北 D. 云南

9. 受中美贸易摩擦影响，（　　）年国内豆粕价格一度大幅上涨。

A. 2016 B. 2008
C. 2018 D. 2020

10. 我国的花生消费呈现"（　　）地区为主，全国各地区均有分布"的态势。

A. 华东 B. 华南
C. 华中 D. 华北

二、判断题

1. 我国花生油生产区较为集中，但销售区却较分散，除了传统的主销区外，近年来非主销区花生油消费不断增加，每年有大量花生油由主产区运往主销区和全国各地。（　　）

2. 我国花生消费主要分为食用消费和压榨消费两大类，花生及制品出口和种用等也是需求的来源。（　　）

3. 花生含油率高，花生油作为风味油脂深受广大居民的喜爱，是我国主要的食用植物油之一，压榨成为花生消费的重要用途。（　　）

4. 美洲的花生进口量在近20年里有所增加，但其全球占比相对稳定，介于50%—68%。（　　）

5. 生产情况从全球角度来看，近20年来花生总产量保持稳步增长态势。（   ）

6. 欧洲是世界上最大的花生出口洲。（   ）

7. 尽管我国花生油产量持续增加，但由于大豆进口量和压榨量的大幅提高，国内豆油产量增幅远高于花生油，导致花生油占国内植物油总产量的比重呈现下降趋势。（   ）

8. 花生是我国相对具有竞争优势的农产品，是我国重要的出口创汇作物，我国花生出口贸易在世界花生贸易中占有重要地位。（   ）

9. 美国是世界上花生产量最高的国家。（   ）

10. 受我国经济持续快速发展、人民生活水平不断提高和人口净增长的影响，我国花生食品消费量呈现不断增加的趋势。（   ）

参考答案

一、不定项选择题

1. ABC　　2. D　　3. C　　4. A　　5. ABC
6. B　　7. B　　8. A　　9. C　　10. D

二、判断题

1. √　2. √　3. √　4. ×　5. √　6. ×　7. √　8. √　9. ×　10. √

第七章

如何判断价格的趋势

> **本章要点**
>
> 本章主要介绍影响花生价格的各种因素。通过对各种因素的详细阐述,让投资者了解不同影响因素对价格的强弱关系。读者可根据对内容的理解形成对行情走势的看法,最终达到独立分析行情的目的。

 一、供求关系为什么是决定价格的关键因素?

供求关系是指在商品经济条件下,商品供给和需求之间相互联系、相互制约的关系。它是生产和消费之间关系在市场上的反应。供求关系是决定价格的关键因素:当市场上供大于求时,市场价格下降;当供小于求时,价格上升。

在某一特定区域内或者说在世界范围内,如果花生产量增加超出需求,花生价格就会下跌；如果花生产量减少满足不了市场的需求，价格就要上涨，所以说，供需关系是决定价格的关键因素。

案例 7-1

2006年国内花生产量大幅下降，但花生榨油能力却在不断提高，花生食用及榨油用花生消费需求持续增加，导致国内花生市场出现产不足需的状况，进而带动花生价格大幅上涨。

（一）影响需求量的因素

1. 商品本身的价格

一般地说，一种商品的价格越高，对它的需求量越小；反之，价格越低，需求量越大。

2. 相关商品的价格

相关商品可以分为替代商品和互补商品。在消费过程中，有些商品可以相互替代，如花生油和豆油、煤炭与石油等。在互为替代的商品之间，一种商品的价格上升会引起另外一种商品需求量的增加。在消费过程中，有些商品互补，如汽车与汽油等。在互补的商品中，一种商品的价格上升会引起另一种商品需求的减少。

3. 消费者的收入水平

收入水品不同，需求的数量和种类就不同。一般而言，收入增加会导致对商品需求量的增加；反之，收入下降则会减少对商品的需求量。

4. 消费者的个人偏好

消费者的个人偏好是指消费者对于某种商品是否喜好及喜好的程度。消费者在收入水平和价格水平一定的条件下，如何选择商品，他的偏好起着重要或决定性作用。消费者的偏好会受到社会消费时尚的影响，而消费时尚受到广告效应的影响，消费者的个人偏好发生了变化，就会影响对商品的需求。

5. 消费者的预期

消费者的预期包括对自己收入水平、商品价格水平的预期。如果预期未来收入水平上升，商品价格水平会上涨，则会增加现在的需求；反之，如果预期未来收入水平下降，商品价格下降，则会减少现在的需求。

总之，价格和收入主要影响购买能力。价格包括商品本身价格，也包括相关商品的价格。消费者的偏好和预期主要影响购买欲望。这些因素的共同作用决定了需求。

（二）影响供给的因素

在市场经济条件下，生产者的目标是利润的最大化，即生产者供给的数量取决于他能否获得最大的利润。除此之外，决定一种商品的供给数量的因素还有以下几种：

1. 所供给商品的价格

一般来说，价格上升，生产者就愿意生产更多的商品；反之，价格下降，生产者则会减少生产。

2. 生产因素的价格

生产因素的费用直接构成生产成本。生产因素价格上升，生产成本上升，利润就会减少，供给数量也会减少；生产因素价格下降，生产成本降低，利润增加，供给量就会增多。

3. 其他商品价格的变化

一是相关商品价格的变化。与生产者所供给商品具有替代性或互补关系的商品，如果价格发生变化，也会影响该商品供给量的变化。二是改变生产要素的用途引起的商品供给量的变化。如果其他商品的价格营利性更高，而转产又比较便利，生产者就可能转产，从而会造成原先所生产商品供给量的减少和新生产商品供给量的增加。

4. 生产的技术水平

在一般情况下，生产技术的提高，可以降低成本，增加盈利，从而使生产者提供更多的供给。

5. 生产者的预期

生产者对未来经济持乐观态度时，他就会增加商品的供给量；如果持悲观态度时，他就会减少商品的供给量。

在这里，价格与预期主要影响供给的欲望，生产要素的数量与技术水平主要影响供给能力。一般来说，影响供给的因素比影响需求的因素更为复杂。在不同的时期、不同的市场上，供给要受到多种因素的综合影响。

二、如何看待花生生长周期对价格的影响？

花生期货作为农产品期货，其价格波动的一个最明显特征就是具有很强的季节性，花生以及其产品花生粕、花生油的价格走势都与花生的种植和生长周期有着密切的关系。

以我国花生价格为例，一般情况下，花生价格在收割期供应量达到最高时下跌到最低水平。通常情况下，花生价格在我国传统节日——春节和元旦开始上升，其原因是此时市面上的花生是去年收获的库存花生，本年的花生还没有收获，且人们受传统习俗的影响，对花生的需求量比平时的需求量还多。所以，此时的花生的需求量远远超出花生的供应量，花生的价格在后续的1—3月逐步上升。由于花生的库存不断消耗，且没有新产出的花生对供给量进行补充，花生价格在3—6月期间供应紧缺和新作产量不确定时达到高点。7—9月北方和南方的花生开始上市销售后，国内花生供应量不断增加，价格开始下跌。此时，尽管农历八月十五的中秋节会使得花生的需求量增加，但花生的需求量的增加幅度低于花生供给量的增加幅度，所以此时的花生市场仍是供大于求，花生的价格依然持续走低。

但是如果在花生生长期天气情况出现变化，如气候干旱、强降温等极端天气出现，导致花生的产量大幅下降，花生的市场价格就会在预期降低的情况下走高。

 三、季节性供求对价格有什么影响？

从花生价格短期变化特征来看，存在一定的季节性波动规律，一般来看，全年花生价格呈现上半年价格上涨、下半年价格下跌趋势。从历史数据来看，在一年的周期内，花生最高价格一般出现在3—6月，主要原因是在此期间，陈季花生库存逐渐减少，供需偏紧带动价格上涨。8月南方花生开始上市销售，国内花生供应量不断增加，价格开始下跌，9—10月北方花生大量上市后，价格一般会跌至年内低点。春节前后，随着花生收购高峰的结束以及节日需求的增加，花生价格开始震荡回升，一直到来年的3—6月，但个别年份的价格走势也会出现季节性特征不明显，甚至"反常"的局面。

四、花生种植成本是如何计算的？

世界上美国、印度、尼日利亚和中国是花生的主要产出国。以中国为例，花生的种植成本主要包括物质与服务费用、人工成本、土地成本。

物质与服务费用主要包括种植过程中需要的种子费、化肥费、农家肥费、农药费、农膜费、租赁作业费、技术服务费、工具材料费、修理维护费和其他直接费用。

人工成本主要包括家庭用工折旧、雇工费用。家庭用工折旧和雇工费用可以按以下公式计算：

家庭用工折旧=家庭用工人数×家庭用工天数×劳动日工价

雇工费用=雇工天数×雇工人数×雇工共价

土地成本主要包括流转地租金、自营地折租以及土地承包费。

流转地租金目前全国还没有统一规定价位，通常根据实际情况来定。其中，流转地租金与种植农作物的价格、土地位置、土地面积、土地质量、土地流转期限有关。

自营地折租是指生产者自己拥有经营权的土地投入生产后所耗费的土地资源按一定方法和标准折算的成本。即自营地这部分并不需要生产者直接或实际支付，而是使用自己具有经营权的土地而产生的机会成本。

土地承包费包括按政策规定应收取的公积金、公益金、管理费用及其他乡村统筹费，不包括农业税、农林特产税，收取土地承包费后，不再收取其他费用；土地承包费按年收取，人平均不超过当地上年人均纯收入的4%。

五、相关农产品的走势对花生期货的影响？

为了研究相关农产品对花生期货的影响，我们选取大豆作为与花生相关农产品的代表，研究大豆对花生期货的影响。之所以选取大豆，主要是从以下两方面考虑：

第一，花生与大豆均可榨油食用，且花生油与豆油是人们日常生活较多食用的两种油。

第二，花生的种植时间可分为春季和秋季，种大豆的季节可分为春季和夏季。两种作物的种植时间相近，这就使农户可以在两种作物之间做出选择。

正常而言，花生与大豆的比价关系应该维持在3∶2的水平。如果低于3∶2，即种植花生的收益低于种植大豆的收益，农户会增加种植大豆的面积；如果高于3∶2，即种植花生的收益大于种植大豆的收益，农户会增加种植花生的面积。而增加种植面积将会导致市场上的供需平衡发生变化，从而对花生期货的价格造成影响。2010—2020年花生价格与大豆价格的比价见图7-1。

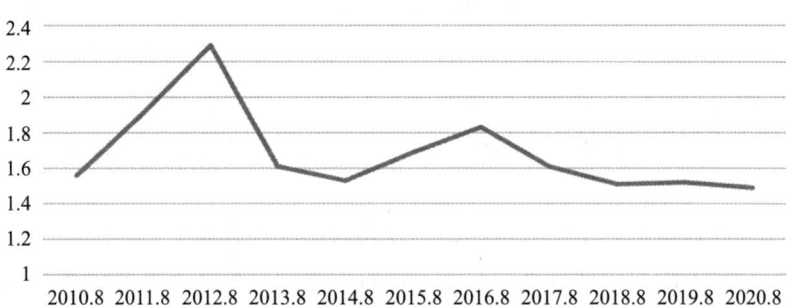

图7-1 2010—2020年花生价格与大豆价格比价

六、政策变化对花生价格走势影响大吗?

影响花生价格的政策因素有花生产业政策、与花生相关的其他品种产业政策两种。

国家对花生产业的扶持政策,如花生良种繁育与使用补贴、花生加工税费减免等,将会刺激农户种植花生积极性提高,导致花生的产量增加,同时也会带动花生加工需求的增加,进而影响花生价格的变化。

由于花生除了直接食用和用于加工花生制品外,主要用于榨油,因此与花生及其产品相关程度较高的产业政策调整,主要指国家对油脂油料产业的政策调整,将会对花生价格产生影响。

案例 7-2

2016 年 12 月,河南省作为主要的花生生产省份,发布了《河南省"十三五"农业和农村经济发展规划》。该规划提出,建设全国小麦、玉米、花生等育种创新基地,大力发展优质花生。加快培育国内外市场前景好、附加值高的优质高油酸油用型、食用型花生品种。加快优质花生绿色高产高效栽培技术的研究集成、组装配套和推广,提高标准化生产水平。围绕收获、摘果、干燥、脱壳等关键环节,加快研究与农艺相配套的花生生产农机装备,推进花生生产全程机械化。扩大适宜区优质花生面积,重点打造沿黄区域及黄河故道优质大果花生优势区、豫西豫南豫西南优质小果花生优势区。到 2020 年,河南省优质花生总面积达到 2500 万亩以上。

这项促进花生生产的政策,促进了花生产业的稳步提升。河南省的花生产值由 2016 年的 279.76 亿元提升到 2019 年的 331.06 亿元。花生的种植面积由 2012 年的 99.967 万公顷稳步提升到 122.311 万公顷。

案例 7-3

自 2008 年以来，我国相继出台相关政策鼓励扩大花生种植面积、大力发展农产品加工产业，主产区地方政府也出台相关政策鼓励花生产业的发展，政策导向及各项优惠措施在扩大花生生产和加工能力的同时，也会导致主产区农户及加工企业盲目扩大规模，导致花生供应的阶段性供应过剩和花生价格的下跌，如 2007 年 3 月到 2008 年 9 月国内花生价格持续下跌与产量不断增加密不可分。

2008 年下半年全球金融危机爆发后，国家为保护农民利益，出台了油菜籽和大豆的托市收购政策，使油菜籽和大豆价格快速止跌回升，但国家对花生没有实行托市收购，导致花生价格持续下跌至 2009 年 4 月。2009—2012 年国家继续执行大豆和油菜籽托市收购政策，并不断提高托市收购价格，使国内大豆和油菜籽收购价格不断上涨，进而带动花生价格出现上涨。2009 年 4 月到 2012 年 5 月国内花生价格由 4100—4200 元/吨大幅上涨至 12200—124000 元/吨。

七、如何看待花生价格对花生油、花生粕成本的形成？

花生油与花生粕作为花生的两种产品，其生产成本可以说与花生的价格息息相关。花生油与花生粕的成本大致可以分为花生的价格、固定成本（厂房费用、加工机器的折旧等）、人工费用三个部分。一般来说，固定成本与人工费用在短时间内几乎不会发生较大的变化，因此，对花生油与花生粕的成本产生影响的主要部分是花生的价格。

花生的价格上升即花生油与花生粕的原材料的价格上升，这将挤占花生油与花生粕的利润。生产厂家为了保证维持原有的成本，只能提高花生油与花生粕的销售价格。

从图 7-2 的价格走势中可以看出，花生的价格产生上升或下降的变化时,花生油与花生粕的价格总会随之产生相应的变化。由此可见,花生油与花生粕的成本与花生的价格密切相关。花生价格和花生油与花生粕的成本是正相关,即花生价格上升,花生油与花生粕的成本也上升;花生价格下降,花生油与花生粕的成本也下降。

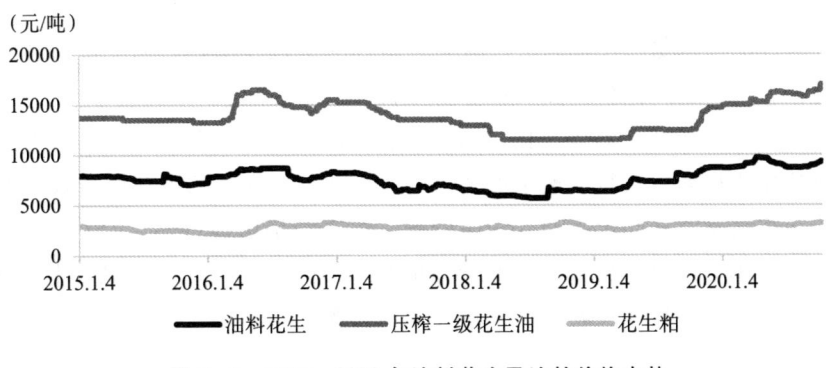

图 7-2　2015—2020 年油料花生及油粕价格走势

八、经济形势如何影响农产品价格?

2006—2020 年,花生价格经历了三轮暴涨暴跌行情。2006 年 10 月到 2008 年 5 月,受全球经济过热和通货膨胀的影响,花生价格持续大幅上涨;但在 2008 年金融危机爆发后,花生价格快速下跌,并且降至低于价格上涨前的水平;价格下跌导致农户种植积极性下降,花生种植面积和产量下降,导致花生供需偏紧,价格开始上涨。2020 年,由于疫情的影响,花生的供给量减少造成花生供小于求的情况产生以及花生的运输成本的增加,这两种情况导致花生的价格大幅增加。

根据经济学原理可知,当经济形势好的时候,人们对于经济形势持乐观的态度,则对花生的需求就会增加,需求多于供给则会导致花生的价格上涨。反之,经济形势不好的时候,需求小于供给则会导致花生价格的下降。

经济形势对农产品价格的影响主要通过以下几方面表现出来：

第一，经济形势变化会影响投资者信心。当 GDP 增速加快时，投资者对后期经济形势充满信心，投资者就会以做多为主；反之，投资者对后市普遍看淡时，会选择平仓或卖空。

第二，经济形势的变化会影响农产品的供求关系。当经济增速开始回升时，农产品需求量会不断扩大、现货供应压力会逐步减轻，期货价格会稳步上扬；反之，农产品价格则可能步步走低。

第三，随着经济形势变化，国家的宏观调控政策也会随着调整。当经济增速的加速初期，央行一般采取宽松的货币政策，充足的流动性会减轻现货压力，从而对农产品价格产生利多影响。但当经济增速过快、CPI 失控、经济出现过热苗头时，央行会采取紧缩的货币政策，随着市场上流动性减少，现货压力会逐步加大，农产品价格会冲高回落。

 九、花生油、花生粕的需求能决定花生的价格吗？

一般来说，花生的主要用途是榨油以及食用。花生用于榨油则会产生花生油以及花生粕。

当花生油与花生粕的需求增加时，则用于榨油的花生量也要相应增加，即花生的需求量增加。花生的需求量增加导致花生需求大于供给的现象产生，造成花生的价格上升。

当花生油与花生粕的需求减少时，用于榨油的花生量也相应减少，即用于榨油的花生的需求量减少。用于榨油的花生需求小于供给的现象产生，造成榨油部分的花生价格下降。而由于用于榨油的花生需求减少，则会有原本要用于榨油的花生改变使用途径，进入食用花生用途，造成食用花生的供给量超过需求量，对使用花生的价格造成冲击。

因此，花生油与花生粕的需求也会造成花生的价格改变。花生油与花生粕的需求增加，则会促使花生的价格上升；反之，则花生的价格下降。

第七章 如何判断价格的趋势　157

 十、原油、黄金等大宗商品对花生价格的影响大吗？

原油、黄金都是在国际市场上拥有举足轻重地位的大宗商品，他们的涨跌通常都会对其他各种商品的价格变动有直接影响。尽管两者均是大宗商品，但是原油的价格上升，代表着经济形势的好转；而黄金的价格上升，则代表着经济形势的恶化。

那么，经济形势好转，则花生的需求就会增加，花生的价格也会上升；反之，经济形势恶化，花生的需求就会减少，花生的价格则上升。

因此，原油、黄金等大宗商品虽然对花生的价格没有直接影响，但却可以从原油、黄金等大宗商品的价格变化侧面分析出花生价格的变化。

案例 7-4

2005 年 1 月到 2008 年 6 月受墨西哥湾飓风侵袭的影响，几个重油国原油产量急速下降，加之发展中国家快速发展造成了原油需求增长强劲，国际原油价格由 387.75 元/桶上升到 924.35 元/桶。

同期，花生价格波动上升，并在 2008 年 8 月达到峰值，2008 年 7 月花生的价格升至 10.81 元/千克，比 2005 年 1 月增长了 61.58%。由图 7-3 可知，原油价格与花生价格波动总体一致。

图 7-3　国际原油价格与国内大宗农产品价格波动走势图

注：从上到下依次为国际原油价格、花生仁价格、棉花价格、大豆价格和油菜籽价格。

据相关研究，在5%的显著水平下，国际原油价格是花生价格的格兰杰原因，即国际原油的价格变动可以影响到花生价格的变动（见表7-1）。

表7-1　　　　　　　　格兰杰因果检验

零假设		滞后期	F统计量	P值
原油与大豆	LNSP does not Granger Cause LNOP	7	2.3764	0.0260
	LNOP does not Granger Cause LNSP	7	2.7052	0.0122
原油与棉花	LNCP does not Granger Cause LNOP	5	0.7875	0.5605
	LNOP does not Granger Cause LNCP	5	2.5352	0.0318
原油与花生仁	LNGP does not Granger Cause LNOP	5	0.2416	0.9433
	LNOP does not Granger Cause LNGP	5	3.1925	0.0095

十一、航运价格变化如何影响花生期货价格？

我国是一个花生生产大国，也是一个花生消耗大国。自2019年起，我国进口花生的数量便产生了剧烈地增长，2020年全年进口花生数量较2018年增长巨大。

而从非洲、美洲等地进口花生主要通过航运的方式进行，如果航运价格变化，相应的花生价格也会产生变动。

当航运价格增加，进口花生的成本也会增加，进口花生的数量也会减少，形成市场上的供小于求的现象，相应的会提高花生的价格。当航运价格下降时，进口花生的成本也会下降，花生进口数量会随之增加，形成供大于求的现象，造成花生价格下降。

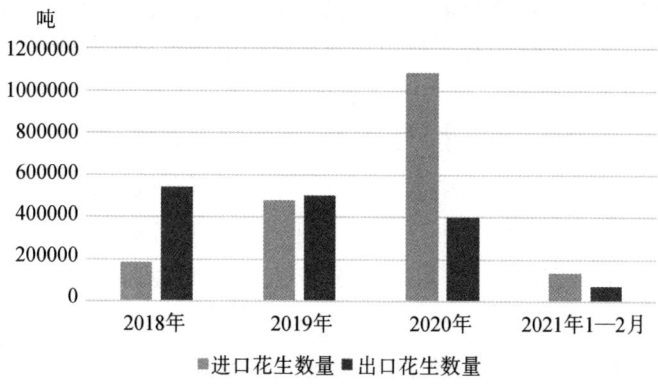

图7-4 花生进出口数量对比

 十二、汇率变化对花生价格有什么影响？

由图7-4可知，目前我国花生的进口数量形成了远超出口花生数量的局面。而国际市场上一般采用美元作为交易货币，因此当人民币升值时，人民币的购买能力增加，进口花生的数量也会增加；同时，由于人民币汇率上升，我国出口的花生的竞争力下降，则可能会出现出口转内销的情况，则此时花生的供给远超需求，花生的价格会下降。而当人民币贬值时，人民币购买能力减弱，购买到的花生数量减少，花生的需求超过了花生的供给量，导致花生的价格上升。

 十三、花生的基本面分析与技术分析如何结合运用？

从供求关系决定价格这一经济学基本理论出发，人们不难想到，如果能够通过基本面分析搞清楚目前究竟是供大于求，还是供不应求，自然就能够准确预测到未来的价格走势。然而，就像我们前边提到的那样，影响花生的供求关系的因素非常多，包括生长周期、季节性供求、种植成本、政策变化、航运成本、汇率因素、突发事件等。即使投资者愿意下足功夫要把花生的基本面研究透，面对如此多的数据我们不仅要保证数据的准确性，而且要掌握相应的统计分析方法才可以应对，更何况突发因素是谁也无法预料的。因此，对于一般投资者而言，基本面分析确实很难做好。

然而，尽管基本面分析不容易做，但如果我们能真正把它做好，它的价值还是非常大的。排除突发事件这种小概率事件，基本面分析最大的价值在于它着眼的是长期趋势，能够告诉投资者现在的市场是整体看多还是看空，而不被每日的小波动所干扰。基本面分析的结论准确、可靠性高、指导性强，这是技术分析无法比拟的。作为一般投资者，我们一方面可以凭借自己的兴趣爱好，积极收集与花生相关的基本面数据，总结出属于自己的操作思路；另一方面也可以积极地补充与花生相关的基本面知识，这样可以帮助自己读懂相关的分析文章与咨询。当然，向期货公司的专业人士以及自己身边的高手多多学习也是快速提高的好方法。

谈到这里，有的读者可能会说，基本面分析好是好，但我对它一点兴趣也没有，根本没有时间去搜集数据，该怎么办呢？那么，您更适合做一名技术分析者。如果说基本面分析回答的是"当前市场正处于什么形势"这个问题，那么技术面分析则可以进一步地帮助我们解决"何时进场、何时出场"的问题。就像前边讲到的那样，技术分析既有价格涨跌，顺势而为，也不去问为什么。因此，如果抛开烦琐的基本面分析，纯粹地采用技术分析法去分析价格图表来指导操作，当然也是可以的，更何况相比基本面分析的烦琐枯燥而言，技术分析的方法更加丰富有趣，投资者可以很容易地总结出一套自己的方法，不仅可以帮助自己获利，而且也可以和周围的人一起交流，取长补短，何乐而不为呢？但是，任何单纯的方法都是片面的，都是不完整的。如果仅凭技术图表发出的信号进场操作，却不知道当前市场为什么涨、为什么跌，就很容易被频繁的交易信号所迷惑，中途出场，从而错失大好机会，或者因为忽视基本面上的隐患，选择在趋势的末端去追逐趋势，结果自然相当惨烈。反过来说，如果完全按照基本面的指导去操作，虽然能看准市场的整体方向,但却不知道何时进场出场,结果可能还会错失良机,把好事变成坏事。因此,虽然个人投资者的时间、精力和能力都是有限的,但既然我们选择了期货这个高风险的市场,就应该要求自己做一名同时掌握基本面分析和技术分析的全才,而不是某一方面的偏才。用基本面分析把握大趋势,用技术分析寻找具体操作时机,两者互相印证,只有这样,才能帮助我们胜多负少,取得理想的收益。

自测题

一、不定项选择题

1. 互为替代的两种商品,一种商品的价格上升,则另一种商品的需求(   )。

   A. 增加 B. 减少
   C. 不变 D. 不变

2. 影响需求的因素(   )。

   A. 商品本身的价格
   B. 相关商品的价格
   C. 消费者的收入水平
   D. 消费者的个人偏好以及消费者的预期

3. 影响供给的因素(   )。

   A. 所供给商品的价格 B. 生产因素的价格
   C. 生产的技术水平   D. 生产者的预期

4. 花生的最高价格一般出现在(   )。

   A. 1—2 月   B. 3—6 月
   C. 7—10 月   D. 9—12 月

5. 花生的种植成本包括(   )。

   A. 土地成本   B. 人工成本
   C. 物质与服务费用 D. 设备投入

6. 经济形势对农产品价格的影响主要通过哪些方面表现出来（　　）。

A. 投资者的信心　　　　　　　B. 农产品的供求关系

C. 农产品的生产环节　　　　　D. 农产品市场的流动性

7. 原油的价格会对花生价格产生影响吗？（　　）。

A. 会　　　　　B. 不会　　　　　C. 不知道

8. 目前，我国花生的出口量比进口量（　　）。

A. 一样多　　　B. 多　　　　　C. 少

二、判断题

1. 原油的价格影响花生的价格。（　　）

2. 一般地说，一种商品的价格越高，对它的需求量越小；反之，价格越低，需求量越大。（　　）

3. 在互补的商品中，一种商品的价格上升会引起另一种商品需求的增加。（　　）

4. 如果消费者预期未来收入水平上升，商品价格水平会上涨，则会增加现在的需求。（　　）

5. 在一般情况下，生产技术的提高，可以降低成本，增加盈利，从而使生产者提供更多的供给。（　　）

6. 生产者对未来经济持乐观态度时，他就会增加商品的供给量；如果持悲观态度时，他就会减少商品的供给量。（　　）

7. 花生期货作为农产品期货，其价格波动的一个最明显特征就是具有很强的季节性。（　　）

8. 土地承包费包括按政策规定应收取的公积金、公益金、管理费及其他乡村统筹费，包括农业税、农林特产税。（　　）

9. 人民币升值有利于中国从非洲地区进口花生。（　　）

10. 宏观经济环境对花生产业的生产、加工及销售都具有一定的影响。（　　）

参考答案

一、不定项选择题

1. A 2. ABCD 3. ABCD 4. B 5. ABC 6. ABD 7. A 8. C

二、判断题

1. √ 2. √ 3. × 4. √ 5. √ 6. √ 7. √ 8. × 9. √ 10. √

第八章

如何应对期货市场的风险

> **本章要点**
>
> 期货市场是以小博大的风险市场,做好风险控制是决定期货交易成败的关键。本章主要讨论期货交易过程中遇到的各种风险以及应对措施。

一、期货市场的风险来自哪里?

期货市场是转移和承受现货市场价格风险的市场,因此期货市场本身也有风险。另外,由于期货交易制度、市场投资者行为和市场运行机制等因素的影响,期货市场也蕴含着风险。具体来看,期货市场的风险主要来自以下四个方面:

（一）价格波动

在市场经济条件下，商品的价格受供求关系因素的影响而上下波动。对于商品的生产者和消费者来说，价格波动的不可预期性增加了生产和消费的不稳定性，而期货市场特有的运行机制会使价格产生频繁的波动，从而产生风险。

（二）杠杆效应

由于期货交易实行保证金制度，期货交易者只需付出一定的保证金作为担保就可以参与期货，保证金比例通常为期货合约价值的5%—10%。这种以小博大的高杠杆效应，既吸引了众多谋利者的参与，也会加剧原来就存在的价格波动风险，这是期货市场高风险的主要缘由。

（三）非理性行为

投资者是期货市场的重要组成部分。他们既是价格风险的承担者，也是价格发现的参与者。但是投资者在参与期货市场过程中，会接收到各种各样的市场消息，其投资判断也将会受到自身情绪等非理性因素的影响。一旦市场情绪过于亢奋或者过于恐慌，投资者非理性行为就会造成市场价格剧烈波动，从而产生巨大风险。

二、期货市场的风险有哪些？

（一）按是否可控分

按是否可控分为不可控风险和可控风险。不可控风险又称为系统风险，是指由于某种全局性的共同因素引起的市场波动的风险，包括政策风险、经济周期波动风险、利率风险和购买力风险等。可控风险又称为非系统性风险，是指由个别人、个别企业或个别行业等可控因素带来的风险，如管理风险和操作风险。

（二）按交易环节分

按交易环节分为代理风险、交易风险和交割风险。代理风险是指投资者在选择期货代理机构时遇到的风险，如遇到不正规的期货中介机构。交易风险是指投资者在参与期货交易过程中遇到的风险，如投资者判断和市场价格走势相反带来的风险。交割风险是指投资者在交割环节遇到的风险，如期货买方交割时收到的交割品不符合交割标准。

（三）按产生的主体分

按产生的主体分为监管风险、期货交易所风险、期货公司风险和投资者风险。监管风险主要是期货市场监管部门由于法律法规不完善或者监管不到位产生的风险。期货交易所风险主要是指期货交易所在期货合约运行过程由于制度不完善或者执行不到位所产生的风险。期货公司风险是指期货公司为投资者提供中介服务或其他期货服务时产生的风险。投资者风险是指投资者本身在参与期货时由于自身原因产生的风险。

三、郑州商品交易所对花生期货风险控制的原则

（一）保证期货市场平稳运行

期货市场本身是风险分散和转移的市场，但期货市场本身也蕴含风险，从各个环节识别期货市场的风险点，并采取有效的规则制度管理风险，控制风险事件的发生，是确保期货市场平稳、健康发展的根本。郑州商品交易所以确保市场平稳运行为首要原则，设计花生期货的风险控制管理办法。

（二）促进期货市场功能有效发挥

为确保期货市场功能有效发挥，郑州商品交易所在风险控制管理办法的设计中，充分考虑花生品种的特点，在严格控制临近交割月风险的前提下，尽可能保证期货市场流动性，满足产业客户参与花生期货的套期保值需求，促进花生期货市场功能的正常发挥。

（三）保持制度设计连续性和一致性

经过20余年的发展，我国期货市场已经形成了较为完善的风险控制制度体系。经过长期市场实践检验，证明这套风险控制制度体系，能够较好适应我国期货市场发展阶段，有效促进我国期货市场的健康发展和平稳运行。因此，花生期货的风险控制管理办法等基本制度和规则，与现行其他品种保持一致，这不仅体现了制度设计的连续性，而且便于会员、投资者熟悉和掌握。

（四）提高风险控制参数针对性

风险控制管理办法在体现一致性和连续性等共性特点的同时，还应根据品种的不同属性，设计不同的风险参数，体现个性。郑州商品交易所根据我国花生的生产、贸易、消费、运输、质检等现货市场实际情况，结合风险控制管理办法的制定惯例，有针对性地确定花生期货交易的风险控制参数。

四、花生期货的风险控制制度有哪些？

（一）保证金制度

交易保证金制度是期货市场风险控制的重要手段。对于不同的合约月份、不同的持仓规模和临近交割月的不同阶段，差异化设置最低保证金水平，可以在防控市场风险的前提下，尽可能降低产业企业参与期货交易的成本，保证市场流动性。

花生期货合约的交易保证金标准采用三段制梯度设置，与现有其他品种保持一致，即自合约挂牌至交割月前一月第15个日历日，最低交易保证金标准为5%；交割月前一个月第16个日历日至交割月前一个月最后一个日历日，最低交易保证金标准为10%；交割月期间，最低交易保证金为20%（见表8-1）。

表8-1　　　　　　　花生期货合约交易保证金标准

品种	自合约挂牌至交割月前一个月第15个日历日	交割月前一个月第16个日历日至交割月前一个月最后一个日历日	交割月
花生	5%	10%	20%

自合约挂牌至交割月前一个月第15个日历日的交易保证金标准设为5%。实际运行中，期货公司出于风险控制的角度考虑，会在交易所保证金标准的基础上加收2%—3%。因而5%的保证金标准，不仅能够帮助交易所有效控制市场风险，同时也有助于产业客户利用期货杠杆降低套期保值成本。

交割月前一个月第16个日历日至交割月前一个月最后一个日历日的交易保证金标准设为10%。一是交割月前适度提高交易保证金，能够防止临近交割月价格过度波动，保证市场平稳运行；二是在风险可控的情况下，适度提高保证金可提醒投资者及时移仓或平仓。

交割月交易保证金设为20%，一是有效防范交割月花生期货合约价格大幅波动时投资者交易资金不足的风险；二是花生期货交割违约时，违约方支付20%违约金即终止交割，20%的保证金能够保证违约方支付违约金；三是有利于促使期货价格向现货价格回归。提高交割月保证金，可以促使不准备交割客户尽快平仓，而准备交割客户则不受影响，从而挤出价格泡沫，促使期现货价格趋合。

除此之外，交易保证金实际执行收取标准还需参考《郑州商品交易所期货交易风险控制管理办法》相关规定。

（二）涨跌停板制度

花生期货合约规定每日涨跌停板幅度为不超过上一交易日结算价±4%。出现连续涨跌停板时，涨跌停板幅度和保证金水平提高方法与郑州商品交易所已上市品种相同。连续同方向三个单边市的风险控制手段与郑州商品交易所已上市品种相同。

每日涨跌停板幅度为不超过上一交易日结算价±4%，与最低保证金收取水平5%配合，可以有效覆盖花生现货价格波动范围。

同样，每日价格波动限制实际执行标准还需参考《郑州商品交易所期货交易风险控制管理办法》相关规定。

（三）限仓制度

花生期货合约实行梯度限仓制度，设计参考郑州商品交易所已上市品种做法，一是对期货公司不限仓，对非期货公司会员和客户限仓；二是对一般月份限仓从宽，对交割月份限仓从严。参考郑州商品交易所已上市农产品期货风控设计思路及运行经验，花生期货实行梯度限仓制度。阶段Ⅰ（自合约挂牌至交割月前一个月第15个日历日）的持仓限额为3000手，能够满足绝大部分企业套保需求，有利于提高市场流动性，促进花生期货市场功能的正常发挥。在临近交割月的阶段Ⅱ（交割月前一个月第16个日历日至交割月前一个月最后一个日历日）期间，为防止市场风险过度集中和降低市场操纵风险，将持仓限额收严至500手；进入交割月后，持仓限额进一步减少至100手（见表8-2）。

表8-2　　　　　　　　花生期货市场的限仓制度

品种	自合约挂牌至交割月前一个月第15个日历日	交割月前一个月第16个日历日至交割月前一个月最后一个日历日	交割月
花生	3000手	500手	100手

（四）大户报告制度

非期货公司会员或者客户持有花生期货合约数量达到郑商所对其规定的

持仓限量 80% 以上（含本数）或者交易所要求报告的，应当向郑商所报告其资金、持仓等情况。根据市场风险状况，郑商所可调整持仓报告水平。客户应当通过期货公司会员报告；委托境外经纪机构从事期货交易的客户，应当委托其境外经纪机构报告，境外经纪机构再委托期货公司会员报告。

（五）强行平仓制度

强行平仓是指当会员、客户违反郑州商品交易所相关业务规定时，郑州商品交易所对其违规持有的相关期货合约持仓予以平仓的强制措施。会员或者客户有下列情形之一的，交易所有权进行强行平仓：一是结算准备金余额小于零并未能在规定时间内补足的；二是持仓量超出其限仓规定的；三是进入交割月份的自然人持仓；四是因违规受到交易所强行平仓处罚的；五是根据交易所的紧急措施应予强行平仓的；六是其他应予强行平仓的。

（六）风险警示制度

郑州商品交易所认为必要时，可以分别或者同时采取要求报告情况、谈话提醒、发布风险提示函等措施，以警示和化解风险。

五、参与花生期货时保证金比例一直不变吗？

在保证金制度中我们介绍了，在不同的时间段，郑州商品交易所对花生期货的保证金设置标准会有所不同。除此之外，还有两种情况下交易所会临时通知调整保证金。一种情况是临近国内法定节假日，郑州商品交易所会提高期货保证金，目的是控制期货交易风险。国内期货与国际期货是接轨的，我国法定节假日的时候外盘还在交易，节假日期间国际期货波动剧烈，那么国内开盘时会出现大幅低开或高开，所以为了降低风险而提高保证金。投资者在节假日期货市场休市期间，最好是轻仓过节，尽量不要重仓，期货市场是内外盘联动的，外盘行情对国内期货市场有较大的影响。根据郑州商品交易所的安排公告,对节日期间相关品种交易时间、交易保证金比例和涨跌幅度限制进行调整。第二种情况是花生期货市场发生较大波动,市场出现过热时,郑州商品交易所会通知提高保证金,以防范发生极端风险事件。需要注意的是,在这两种情况下,一旦市场恢复正常状态,郑州商品交易所也会择机把保证金调整为正常水平。

 六、花生期货为什么要设置涨跌停板?

目前,国内的期货市场所有的期货品种都设有涨跌停板。因为涨跌停板制度可在市场发生大幅波动时限制价格波幅,抑制投机过热,减少市场的过度反应,使价格不至于过分偏离真实价格。当价格触及涨跌幅限制后,投资者的过热情绪得以冷静,市场将有较多的时间消化现有信息,防止期货价格的异常波动。同时设置涨跌停板限制可在一定程度上防范市场违约,降低保证金需求,减少市场交易成本。

涨跌停板制度虽然在一定程度上影响了价格波动性和市场流动性,但涨跌停板制度在抑制价格的过度波动、防范期货违约风险和降低交易成本等方面都起到了积极作用。因此,花生期货设置涨跌停板制度仍是一种可行的政策。

延伸阅读

所谓熔断机制(Circuit-Breaker),是当某一只个股、指数、期指或商品价格波幅触及规定的区间限度时,交易随之停止一段时间或者交易可以继续进行,但价格幅度不能超过规定的限度。这类似于保险丝在电流过量时会熔断,从而使电器受到保护,故形象地称之为熔断机制。熔断机制起源于美国。1988年10月,亦即1987年股灾一周年,美国证监会批准设立熔断机制。

> 2015年国内A股从大牛跌到熊市后,2016年年初证监会发布了熔断机制,熔断阈值5%停盘15分钟,熔断阈值到7%全天终止交易。于是2016年1月4日第一天就触发7%的熔断阈值,当天停盘,接下来连着三天都触发了熔断。随后在1月8日,证监会发公告暂停实施熔断机制,直到现在也没恢复。从目前实践经验来看,熔断机制并不符合国内的金融市场。

七、怎样才能避免被强行平仓?

前面在强行平仓制度中介绍了出现强行平仓的几种情况,想要避免被强行平仓,就要尽量做到:一是保持结算准备金余额大于零,小于零的时候要在规定时间内补足;二是持仓量不超出限仓规定;三是自然人投资者在进入交割月份前自己平仓;四是不要违反交易所的相关规定。

八、什么是止损?如何设置止损?

止损也叫"割肉",是指当某一投资出现的亏损达到预定数额时,及时斩仓出局,以避免形成更大的亏损。其目的就在于投资失误时把损失限定在较小的范围内。期货市场中无数血的事实表明,一次意外的投资错误足以致命,但止损能帮助投资者化险为夷。关于止损的重要性,专业人士常用鳄鱼法则来说明。鳄鱼法则的原意是:假定一只鳄鱼咬住你的脚,如果你用手去试图挣脱你的脚,鳄鱼便会同时咬住你的脚与手。你愈挣扎,就被咬住得越多。所以，万一鳄鱼咬住你的脚，你唯一的机会就是牺牲一只脚。

再请看一组简单的数字：当你的资金从10万元亏成了9万元，亏损率是1÷10＝10％，你要想从9万元恢复到10万元需要的赢利率也只是1÷9＝11.1％。如果你从10万元亏成了7.5万元，亏损率是25％，你要想恢复的赢利率将需要33.3％。如果你从10万元亏成了5万元，亏损率是50％，你要想恢复的赢利率将需要100％。俗话说得好：留得青山在，不怕没柴烧。止损的意义就是保证投资者能在市场中长久地生存。甚至有人说：止损＝再生。

止损的设置有很多种方法，不同的投资者需要根据自己的情况选择合适自己的方法。常用的方法有以下几种：

（一）利用技术图形的支撑位或者压力位来设置止损

如持有多单的情况下，当价格跌破支撑位后可以止损平仓；持有空单的情况下，当价格突破压力位时可以止损出局。利用这个方法的前提是，全面准确判断支撑和压力。技术图形中的压力支撑有：密集成交区、前期高低点、价格形态、趋势线、均线等。这个方法的优点是可以让止损和止盈的设置尽可能跟随当时市场的波动，缺点是因为使用者多，所以常常会出现假突破。因此，应用这个方法时，要能够识别陷阱，并能够在退出市场后，再按照新信号重新入市。

（二）用资金额做止损

在每次入市进行买卖前，便明确计划好输多少点为止损离场。这是不错的资金管理方法的一种，但是也要考虑每次至少赚多少点立场，这样在胜率一定的情况下，才能保证盈利的期望大于零。

（三）用指标止损

这个指标可以是软件所提供的某个指标，如RSI、MACD等，也可以是交易者自身根据价格、量能、时间设计出来的指标。用指标止损主要运用于程序化交易者。它的优点是可以克服人性弱点，只要指标没有再进行交易的讯号，就没有原因或理由继续留在市场做买卖，要立刻止盈或止损，等待下一次机会。这种方法的关键一是指标要明确，二是一定要坚持执行。

（四）用时间止损

这个方法主要运用于日内超短交易模式中。日内超短模式是指交易者在某个时期或某位置为了博取几点或几十点的差价、持仓时间少则几秒、多者数分钟的交易模式。对于这种模式，其交易原理是利用价格在某个因素如外盘影响、盘中支撑位和压力位的突破与假突破、突发消息等作用下瞬间大幅移动时，顺势或逆势快进快出赚取利润。它的优点是判断正确时可以瞬间获取利润，甚至是超额利润；判断错误时，可以不亏损或有少量利润全身而退。这种方法要求交易者具备良好的反应能力，要求交易者能够迅速评估市场的普遍气氛和潜在方向，要求交易者对市场始终保持高度关注，尤其是拥有头寸时。

九、如何控制仓位大小？

期货交易是杠杆交易，优点是放大资金利用率，缺点是同时放大风险。期货交易如果重仓或者满仓交易，很容易在很短的时间内血本无归，因此如何使用好资金，做好仓位大小的管理也是一门很重要的学问。

一个最简单的仓位管理就是做分散投资，不要把鸡蛋都放在一个篮子里。如在某一个品种上投入的资金不超过15%，所有品种的投资金额不超过50%。这样即使所有的品种都判断错误，也不至于一下子全部亏损完。

另外，在持仓过程中，不同的投资者需要根据自己的情况选择不同的加仓方式，一般来说有金字塔式加仓，平等加仓和倒金字塔式加仓三种方法。金字塔式加仓法是指初始进场的资金量比较大，后市如果行情方向一致，逐步加仓，加仓比例越来越小，仓位控制呈下方大、上方小的形态，像一个金字塔。倒金字塔式加仓法是指初始进场的资金量比较小，后市如果行情方向一致，逐步加仓，加仓比例越来越大，仓位控制呈下方小、上方大的形态，像一个倒立金字塔。平等加仓则是每次加仓的手数都保持一致。

金字塔式加仓以做多为例，在底部买入80手，等行情涨到一定的位置，再买入60手，随着再上涨，再买入40手，依此类推。这样，因为低位买入的数量总是多于高位的，所以总能保证自己的持仓成本低于市场平均价。金字塔加仓能有效地避免亏损。例如，如果在第一次加仓后发现行情逆转，最迟要求在第一笔开仓价位和第一次加仓价位之间的中间价格位置以前全部清仓。由于是金字塔加仓，这样的操作始终是盈利的。又如，如果在第三次加仓后发现行情逆转，以同样的方法，可以先在第二次加仓和第三次加仓的中间价格位置以前把第二次和第三次加仓的全部单斩仓出来，至少这两笔单不会亏钱，可以暂时保留第一笔开仓单和第一次加仓单，这样可以继续观察行情的发展，便于以后继续减仓或者继续加仓。倒金字塔式加仓则刚好相反，一旦遇到行情逆转，很快就会从盈利变为亏损。

自测题

一、单项选择题

1. 以下（   ）不是期货市场的风险来源。
   A. 价格波动   B. 杠杆效应
   C. 理性行为   D. 市场机制不健全

2. 以下（   ）不属于系统风险。
   A. 政策风险   B. 操作风险
   C. 利率风险   D. 购买力风险

3. 花生合约设置不合理造成的风险属于（   ）。
   A. 监管风险   B. 交易所风险
   C. 期货公司风险   D. 投资者风险

4. 花生期货进入交割月期间，最低交易保证金为（   ）。
   A. 5%   B. 10%
   C. 15%   D. 20%

5. 花生期货合约规定每日涨跌停板幅度为不超过上一交易日结算价的（　　）。

　　A. ±4%　　　　　　　　　B. ±5%

　　C. ±6%　　　　　　　　　D. ±7%

6. 花生期货自合约挂牌至交割月前一个月第 15 个日历日，对非期货公司会员和客户限仓（　　）手。

　　A. 5000　　　　　　　　　B. 3000

　　C. 2000　　　　　　　　　D. 1000

7. 非期货公司会员或者客户持有花生期货合约数量达到郑州商品交易所对其规定的持仓限量（　　）以上（含本数）或者交易所要求报告的，应当向郑州商品交易所报告其资金、持仓等情况。

　　A. 60%　　　　　　　　　B. 70%

　　C. 80%　　　　　　　　　D. 90%

8. 以下（　　）不是交易所进行强行平仓的情况。

　　A. 结算准备金余额小于零并未能在规定时间内补足的

　　B. 持仓量超出其限仓规定的

　　C. 进入交割月份的企业持仓

　　D. 因违规受到交易所强行平仓处罚的

9. 以下（　　）不是常用的止损方法。

　　A. 用技术图形的支撑和压力　　B. 用资金额做止损

　　C. 用指标做止损　　　　　　　D. 随意止损

10. 初始进场的资金量比较大，后市如果行情方向一致，逐步加仓，加仓比例越来越小，仓位控制呈下方大，上方小的形态，这种加仓方式是（　　）。

　　A. 金字塔式　　　　　　　　B. 倒金字塔式

　　C. 放量式　　　　　　　　　D. 缩量式

二、判断题

1. 期货保证金比例通常为期货合约价值的 5%—10%。　　　　　　（　　）

2. 期货市场在运行过程中由于机制不健全等因素，会造成流动性风险、

结算风险、交割风险等。   （ ）

3. 期货买方交割时收到的交割品不符合交割标准，属于交割风险。
                                                （ ）

4. 郑州商品交易所根据我国花生的生产、贸易、消费、运输、质检等现货市场实际情况，结合风险控制管理办法的制定惯例，有针对性地确定花生期货交易的风险控制参数。   （ ）

5. 花生期货的风险控制管理办法等基本制度和规则，与现行其他品种不一致。   （ ）

6. 对于不同的合约月份、不同的持仓规模和临近交割月的不同阶段，设置相同的最低保证金水平，方便记忆。   （ ）

7. 一般情况下，我国法定节假日的时候外盘还在交易，节假日期间国际期货波动剧烈，那么国内开盘时会出现大幅低开或高开，所以交易所为了降低风险而提高保证金。   （ ）

8. 国内期货市场部分期货品种没有设置涨跌停板。   （ ）

9. 自然人投资者在进入交割月份前自己平仓才能避免被强行平仓。
                                                （ ）

10. 期货交易最好是进行满仓交易。   （ ）

参考答案

一、单项选择题

1. C 2. B 3. B 4. D 5. A 6. B 7. C 8. C 9. D 10. A

二、判断题

1. √ 2. √ 3. √ 4. √ 5. × 6. × 7. √ 8. × 9. √ 10. ×

第九章

花生产业发展状况

本章要点

本章介绍了现今花生的主要压榨工艺及其产出品类型，阐述了花生压榨工艺利润及成本的一般计算方法，简要介绍了不同地区花生政策的异同点，并对我国花生产业存在的问题进行了梳理剖析，提出相应的解决方法。

 一、花生压榨工艺有哪些？

常见的花生油制作工艺有两种：压榨和浸出。物理榨油法是借助机械外力作用，将油脂从榨料中挤压出来的过程。在压榨过程中，主要发生的是物理变化，如物料变形、油脂分离、摩擦发热、水分蒸发。物理压榨的方法也可以分为两种，一种是热榨，另一种是冷榨。热榨主要是热态蒸炒，带皮压榨的制油工艺。首先要先将原料入在锅内热炒，然后再经过榨油机器进行榨油，这样的工艺优点是油香出油率高，且剩余的残油较低。缺点是经过热榨后的原料在高温加工后，原料本身的生物活性降低，营养成分流失。而冷榨则减少了高温加热的工序，是靠物理机械巨大的压力将油脂从原料中分离出来后，经过多道物理过滤而成。它融合了现代的高科技过滤提纯等技术，具有整个生产过程无污染，产品天然营养不受破坏，减少了蒸、炒、浸出等加大出油率的工序，更大限度保留了原有的生物活性。

浸出榨油法是指用浸出制油工艺制成的植物油。浸出法制油工艺的理论依据是萃取原理，它于1843年起源于法国，是一种安全卫生、科学先进的制油工艺。工业发达国家用浸出法生产的油脂总产量达90%以上。浸出法制油的优点是粕饼中含残油少、出油率高、加工成本低、经济效益高，而且粕的质量高，饲养效果好。花生的浸出榨油法是用化学制油方法将油脂从原料中分离出来的油品。主要采用"六号"溶剂油（六号轻汽油）将原料充分"浸泡"，然后高温（300℃）提取而成。这种生产方法出油率高、成本低，但由于生产过程中受到化学溶剂（六号轻汽油）的污染，油脂本身也有溶剂残留，不易去除。

（一）压榨法

压榨法利用施加物理压力把油脂从油料中分离出来，是一种来源于传统作坊的制油方法，现在的压榨法已经是工业化的作业。压榨法由于不涉及添加任何化学物质，榨出的油各种成分保持较为完整，但缺点是出油率低。

压榨法生产花生油的过程包括花生预处理和花生压榨两部分，如果处理量比较小可以只用榨油机进行压榨。压榨后如果想获得质量更好的花生油，可以用花生油精炼设备做进一步的处理。

原料经过预处理后，用机械将油料中的油脂挤出，然后精炼制得成品。压榨工艺有一次压榨、二次压榨、预压榨后浸出三种，相应产生不同质量水平的油脂产品。精炼通常是指"六脱"工艺，即脱水、脱胶、脱酸、脱色、脱臭、脱蜡。六脱工艺不一定全部进行，一般会根据油料和产品要求有所取舍。

压榨法是比较传统的加工方式，应用广泛。压榨后的油料叫作"饼"，一次压榨产生的油饼残油可达到5%左右。预压榨（后续进行浸出）的预榨饼残油通常在15%左右。

（二）浸出法

相对于压榨法这种非常古老的生产方法，浸出法采用溶剂油（六号轻汽油）将油脂原料充分浸泡后进行高温提取，经过"六脱"工艺（即脱脂、脱胶、脱水、脱色、脱臭、脱酸）加工而成。与压榨法相比，浸出法最大的特点是出油率高、生产成本低，这也是浸出油的价格要低于压榨油的原因之一。

两种方法分别适用于不同的油料品种。我国植物油料种类繁多，不同油料的化学成分、含量、物理性状有差别。压榨法和浸出法这两种油脂制取工艺分别适用于不同的原料。

一般来说，高含油油料采用预榨——浸出法，如菜籽油、山茶油等；低含油油料采用直接浸出法，如大豆等；而某些油料中可产生特殊风味的油脂，为保持其产品不失去原有的风味，多采取压榨法取油，如橄榄油、芝麻油、花生油等油脂的生产。

工艺不同，油的风味也是不一样的。压榨油一般经过初步的脱酸和脱胶即可。压榨油因为保留了油料本身（如花生）的香味，可能比较符合中国人的口味特点。而浸出油（如大豆）要经过脱酸、脱胶、脱色和脱臭，其间正好可以祛除许多人所不喜欢的豆腥味。

延伸阅读

压榨法分为冷压榨和热压榨

什么是冷压榨？

冷压榨是一种生产油的制作工艺。近些年才被少数大企业引入，冷榨法要求高，一般冷榨法要求在低于60°C的环境下进行加工，营养成分保留最为完整。由于冷榨法出油率只有热榨法的一半，因此大部分冷榨油的价格要高出热榨油50%左右。冷榨出来的油因为没有受到破坏，一般不需要添加剂就可以长时间的保存。市值价值相对高端。冷榨油主要用于山茶油、橄榄油等高端食用油。

什么是热压榨？

热压榨是将油茶籽先粉碎，然后上屉蒸，最后再用稻草做成茶籽饼，用压榨机压榨出来茶油，手工作坊的传统压榨即是热榨。热压榨的优点在于这种方式榨出来的油气味更加香浓且颜色较深，产量比冷榨更高。

(三) 压榨工艺总结

第一，冷压榨是针对某些油料作物的一种制取工艺。如山茶油、橄榄油，通过冷榨可以完整保留这些油料作物的营养成分。其特征就是营养物质及活性成分完整保留，原色原香。但是出油率较低，所以造成价格高昂。

第二，热压榨相对比冷榨出油率更高，采用的是将油料作物炒熟粉碎后进行压榨，气味较浓，毛油颜色很深，有沉淀物，需要进行再次精炼才可成品。花生油、芝麻油等浓香型油料多采取这种工艺，保留油料作物的独特香味。

第三，浸出法是出油率最高的一种制取工艺，采用 6 号轻汽油化学萃取，提炼油料中的油分，但是无论是什么级别的浸出油，都有不同程度的溶剂残留，其中的溶剂残留是无法完全去除的。大豆油、玉米油、菜籽油，常使用浸出工艺。

 二、花生压榨利润及其生产成本如何计算？

花生加工成本产值及利润核算见表 9-1。

表 9–1　　　　　　　　花生加工成本产值及利润核算表

成本（元）			
（以加工 1000 千克为基数，花生出油率为 46%，精炼 1 千克油成本按 0.2 元计。）			
原料成本	1000 千克×11 元/千克	11000 元	合计 11292 元
固定成本	200 元	200 元	
精炼成本	1000 千克×46%×0.2	92 元	
产值（元）			
（成品花生油单价为 26 元/千克，花生饼单价为 3.6 元/千克）			
出油产值	460 千克×26 元/千克	11960 元	合计 13724 元
出饼产值	490 千克×3.6 元/千克	1764 元	

注：加工 1000 千克油料的固定成本：含电费、人工、炒料等费用共计 138 元，按 200 元计。

可以看出，加工 1000 千克花生的纯利润为 13724 – 11292 = 2432（元）。

三、国内外花生政策有何不同？

（一）美国的花生政策

花生生产在整个美国经济中是很小的一个部分，但对美国南部而言，花生是主要的农作物。根据美国农业部的调查，美国南方许多县 50%—70% 的农业收入来自花生生产。因此，花生政策对维持这些地区的农民收入至关重要。美国花生政策的基石是"美国花生计划"，该计划可追溯到 20 世纪 30 年代，并对美国目前在实施的"2002 年农业法案"产生影响。美国花生政策的基本框架是通过配额、价格支持和控制进口维持花生生产。配额是为了限制生产耕地，防止生产过多造成花生市场价格下降。价格支持是这样运作的：首先制定目标价格，即设定的支持价格标准。当市场价格高于支持价格时，农民按市场价格出售花生；当市场价格低于支持价格时，在配额以内的，农民可得到每短吨 610 美元的收入，差额部分由政府补贴。超过配额的花生，农民可按世界市场价格出口或出售给国内榨油部门，但价格低于支持价格（2001年为每短吨132美元）。显然，支持价格高于世界市场价格。国内支持的程度一般用"综合支持量（AMS）"衡量。1996—2001年，美国财政对花生生产的综合支持量为每公吨206美元，每年为共3亿美元左右。

2002年，美国开始实施新的农业法案，花生生产配额被取消，对花生的支持转采用直接补贴、反周期补贴和与生产补贴相联系的最低价格支持。

1. 最低价格

目前的花生种植者都可获取销售贷款，即他们以花生作担保按每短吨355美元的比例获取销售贷款。当花生市场价格高于每短吨355美元以上，农民能够偿还贷款再加利息有余，农民就选择归还贷款；当花生市场价格低于每短吨355美元再加利息时，农民就选择不归还贷款，放弃花生，这等于政府的农产品信贷公司收购了花生。这样，每短吨355美元是花生实际的最低价格，最低价格和市场价格的差额由政府补贴。当市场价格低于每短吨355美元的贷款比例时，农民还可以选择由政府确定的按低于贷款比例的数额归还贷款，这两者之间的差额被称为"销售贷款收益"。实际上"销售贷款收益"等于补贴农民因市场价格低于目标价格而造成的损失。

2. 直接补贴

在美国，有生产花生历史的农民都可得到每吨花生36美元的直接固定支付，这就是直接补贴。所谓的"历史"就是指1998—2001年，补贴按1998—2001年平均产量的85%计算。这种补贴不考虑现在的花生价格和现在实际种植的数量。

3. 反周期补贴

有生产花生历史的农民还可以在市场价格低于政府确立的目标价格（每短吨495美元减36美元的直接支付）得到补贴。补贴的数目就是市场价格与目标价格的差额。从1994年起，美国受WTO乌拉圭农业谈判协定和北美自由贸易区的约束，美国应该逐步通过关税配额（TRO）增加花生的进口数量，以体现开放市场。2001年，美国按关税配额进口的花生共57059公吨，占国内消费的4%，配额以内的关税幅度在6.6%—9.35%，配额以外的关税在131.8%—163%。在农业谈判协定和北美自由贸易区下逐步取消花生的贸易壁垒是很有限的，但这对美国的进口仍有影响。但美国在实施

"2002年农业法案"后，进口花生急剧减少，由2001年进口81000公吨（配额以内的进口加配额外的进口数量），下降到2002年的46796公吨，再下降到2003年的5698公吨。美国的农业政策扭曲了农产品的贸易走向。这就是其在WTO农业谈判中招致批评的原因所在。

（二）中国、印度和阿根廷的花生政策

这三国自20世纪90年代中期以来逐渐减少政府对花生生产和销售的干预。

1. 中国

中国近几年实现了花生贸易的自由化，私人企业有花生进口权，而在1999年以前，花生进口权只掌握在6个经营花生产品进口的国家机构手里。加入WTO后，中国承担了减少补贴的承诺。与世界其他国家相比，中国目前对花生进口征收较高的关税，2001年已加工花生的关税税率为30%，未加工花生税率为15%。关税配额内的花生油关税为10%。中国在加入WTO议定书中花生约束关税仍为30%，花生油为10%，并不作减税的承诺。中国对花生的保护措施使国内的花生价格和国际花生价格不一致。如1998年，中国香港市场花生油的价格为每吨728美元，而中国国内市场花生油批发价高出67.8%。

2. 印度

1998年，印度撤销了花生国内贸易、储藏和出口的大部分限制，但对3类花生产品的进口维持着较高的关税，食用花生和花生粉的关税为45%，花生油关税为35%。

3. 阿根廷

阿根廷与中国和印度相反，对花生的干预主要体现在出口方面。阿根廷对未加工的花生出口征收3.5%的关税，而在2001年阿根廷货币比索贬值前，花生出口征收20%的关税。同时，阿根廷仍然维持着花生的进口关税，阿根廷的进口关税具有不断爬升的特点。

(三) 非洲主要花生生产国的花生政策

1. 生产政策

在 20 世纪 80 年代之前，非洲国家对花生生产实行广泛的干预。80 年代之后，非洲国家在不同程度上根据结构调整计划（SAP）实行市场化改革。市场改革的主要目标之一是消除直接和间接对农民征税，因为征税削弱了农民的生产积极性，降低了许多花生生产国的生产能力。非洲的改革是逐个和部分进行的，总的方向是政府从要素投入市场撤退，但政府仍然不愿从花生加工领域撤出。在塞内加尔和冈比亚，由政府决定花生的生产价格。非洲国家一直根据本国的产业政策和政治环境把价格政策作为经济杠杆而对农民征税或补贴。70 年代对花生种植者的税收很高，政府往往根据花生的世界市场价格和本国的生产价格之间的差额征税。自 90 年代初期以来，由于世界市场花生价格下降，农民的税收负担也减轻了。塞内加尔和冈比亚干预花生行业的主要理由是为了稳定国营花生加工企业。

2. 贸易政策

非洲花生生产国的贸易政策各异。塞内加尔和马拉维对已加工花生征收高额进口关税，目的是鼓励本国企业加工花生（如花生油的生产）。相反，冈比亚和尼日利亚实行贸易自由化政策，既不征出口税也不征进口税。南非的花生进口关税结构略有爬升特点。

(四) 主要进口国地区的花生贸易政策

欧盟、加拿大、日本和韩国是世界花生的主要进口国地区，它们的进口关税都具有爬升特点，即加工程度越深，关税税率越高。但总的来说，这些进口国的关税不是主要壁垒。欧盟和加拿大对未加工花生实行零关税。但这两个国家对花生制定的较高卫生标准一定程度上构成了技术壁垒，尤其使非洲国家花生出口遇到困难。1998 年，欧盟 15 国统一实施新的花生标准，规定食用花生黄曲霉毒素 B1 最大限量为 $2\mu g/kg$ 的最低标准。这是国际上最严格的标准。塞内加尔和冈比亚的食用花生往往达不到欧盟的标准而只能转而花生油加工。日本和韩国对花生进口实行高关税政策。而实行高关税的目的是刺激本国的花生生产。

四、中国花生产业目前面临哪些问题？

（一）生产发展不平衡

由于受气候条件、土壤地力、水利条件、耕作制度和栽培技术等影响，花生生产区域间发展极不平衡。从2009年统计数据看，全国花生单产最高省份达4270千克/公顷，最低省份仅为1457千克/公顷，二者相差近2倍。不但省与省之间单产水平有较大的差距，省内县域间差距也非常明显，如河南省单产最高县比最低县相差近3倍。此外，年际间发展也不平衡，河南省2007—2009年花生平均单产分别为3945千克/公顷、4020千克/公顷和4230千克/公顷，年际间最大差距高达7%。

（二）技术支撑不到位

优良新品种选育方面成果还不多，缺乏高含油量的专用品种、抗病抗逆性强的品种以及高蛋白、低脂肪的食品加工型品种；品种的油酸亚油酸比值普遍偏低，不能满足花生出口需要；农业技术推广体系不健全，县、乡特别是最能发挥作用的乡级农业技术推广体系严重缺位，导致对农户技术指导缺失，成果转化率低；花生生产规模小且分散，机械化水平低，小型播种、收获机械缺乏，在农民大量外出务工、劳动力成本日益增加的今天，机械化已成为制约花生生产发展的重要因素。

（三）设施条件不配套

目前大部分花生主产区农田基础设施薄弱，抵御自然灾害的能力不强。丘陵滩区缺乏相应的水利设施，旱灾是影响花生产量的主要因素；一些平原地区现有的水利设施老化损毁严重，泵井不配套，不能发挥应有的作用。在一些多雨易涝区，缺乏相应的排灌设施。

(四) 产业运作不协调

由于受我国管理体制的制约，科研、生产、销售与加工分块设置，产前产中、产后脱节现象严重，虽然近年来有所改善，但之间的条块限制仍没有得到很好的解决。科研部门人力、物力财力相对雄厚，技术推广部门的实力明显不足，一些主产区技术指导真空。花生的产业链条短，目前主要以榨油用为主，花生蛋白的利用相对落后，精深加工程度低，对产业的带动能力不强。此外，花生的质量监测体系不够完善，近年来花生出口贸易中的黄曲霉毒素污染、重金属和农药残留超标等问题，已对我国花生产业健康持续发展带来严重的威胁。这些问题的产生，既有缺少资金扶持的因素，也跟各级部门不够重视、农业整体效益较差有关。2010 年国家首次出台花生良种补贴政策，安排 4 亿元资金对 12 个主产省的大田生产和良种繁育田进行补贴，但补贴标准偏低，政策激励效应不明显。长期以来，花生一直被认为是无关紧要的经济作物，相对于粮食作物和大豆、油菜等，花生生产和产业发展没有得到各级政府和社会应有的重视，生产和技术研发基本放任自流。农业的整体效益低下，农民外出务工增多，坚守农村的都是老、妇、幼群体，科技意识低．接受新事物的能力差，花生种植水平低下。

五、如何保护和发展中国花生产业？

(一) 制订全国花生区域布局规划

花生是我国重要的油料作物，也是为数不多具有比较优势和国际市场竞争力的农产品，在我国主要农产品国际贸易中占有重要地位。但在 2008 年新一轮"国家优质农产品区域布局规划"中，花生并未被列入，导致花生产业布局不明确，建设重点不突出，各省之间自行其是，产业可持续发展受到较大影响。建议从国家层面尽快制订全国花生区域布局规划，将花生生产纳入全国优势农产品区域布局总体规划，确立相应的优势区域和产业带，通过合理的区域布局规划，推动花生产业向优势产区集聚，促进花生产业整体水平的稳步提高。

（二）稳定播种面积，主攻花生单产

随着国家粮食核心生产区建设的不断加大，粮油争地矛盾将越来越突出，单纯依靠扩大种植面积来增加花生总产也越来越困难。因此，发展花生产业应立足稳定面积，主攻单产。通过推广良种、地膜覆盖抗逆栽培、绿色防控、标准化种植、技术集成等措施，提高花生种植的科技含量，依靠科技进步，增加单位面积产量。

（三）优化品种布局，加快专用品种选育推广

近年来，我国花生育种工作取得明显成效，一批优良品种先后通过省级及国家审定，如山东省的花育系列、山花系列、丰花系列，河南省的豫花系列远杂系列等，一些育种项目还获得了国家级的科技进步奖。这些新品种的推广应用，对提高花生产量、改善品质起到了明显的推动作用。但随着国内外花生市场需求的变化以及人民生活水平的不断提高，对花生专用品种的需求也日趋多元化，尽快选育推广高脂肪、高油酸、高蛋白质、高赖氨酸、低脂肪以及大果型、小粒型、特用型等不同类型的专用品种，以满足油用、食用、加工、出口等不同的需要已成为当务之急。因此，应进一步整合国内花生育种资源，发挥各地科研院所的技术优势，分工协作、取长补短，采取基因工程等先进手段，加快育种进程，尽快选育并推广一批优质高产花生专用新品种。

（四）扩大良种补贴范围，完善良种补贴政策

自 2010 年起，我国在花生主产区的 12 个省（区）开展了花生良种补贴试点工作，实施的大田面积每年 200 万公顷，约占当年花生播种面积的 45% 左右，补贴 150 元/公顷；实施的良种繁育面积每年 13.3 万公顷，补贴 750 元/公顷。通过花生良种补贴项目的实施，加快了花生优良品种的普及，充分发挥了花生良种的增产提质作用，对促进花生产业健康发展起到了重要

作用。但由于花生是大粒种子作物,繁殖系数低,用种量多,且种子成本高。目前花生良种价格均在 12 元/千克以上,按用种量 225 千克/公顷,用种成本在 2700 元/公顷以上,而花生良种仅补贴 150 元/公顷,只占种子成本 5% 左右,因此群众更换良种的积极性不高。建议进一步完善花生良种补贴政策。由于目前花生集中产区良种覆盖率较高,而非集中产区品种落后,因此一方面应尽可能扩大花生良种补贴范围,加快非集中产区花生品种更新换代速度,提高花生产业整体生产水平;另一方面应充分考虑花生用种量大、换种成本较高的实际,适当提高花生良种补贴力度;同时,可适当调整花生良种补贴的发放方式。由于花生种子属常规种,更新换代周期较长,不需要年年换种。可采取以乡镇或行政村为单位,以 3—5 年为 1 个周期,采用轮换方式更新品种。在不增加良种补贴总额的前提下,相应提高单位面积良种补贴额度,这样不仅减少了工作量,缓解了换种成本高、群众积极性低的问题,也有利于新品种的推广,实现区域化种植,提高花生的产业化水平。

(五)提高机械化水平,加速产业化进程

随着城乡一体化的快速发展,农村劳动力大量向城镇转移,农业用工成本也越来越高。花生作为劳动密集型产品,用工成本的增加直接影响花生的种植收益。提高花生生产的全程机械化水平,尤其是收获机械化,可有效降低花生生产成本,增加花生的总体经济效益。同时,应依托农民专业合作组织,通过土地流转,扩大经营规模;积极推广花生专用品种,推行规范化、标准化种植,逐步实行"一村一品",实现专业化生产;实行产、销一条龙服务,与市场直接对接,减少中间环节,从而提高市场竞争力,加速花生的产业化进程。

六、国内花生主要压榨区域分布在哪些地方?

目前,我国花生油脂加工企业主要分布于山东省、河南省、河北省、湖北省、广东省、广西壮族自治区。其中山东省和河南省两省内的花生榨油产能占全国花生加工能力的 70% 以上。目前，主要的花生油脂加工企业包括山东鲁花、青岛长生、青岛嘉里、菏泽中粮、费县中粮等（见图 9-1）。其中，鲁花、益海和中粮占全国花生压榨量的比重在 50% 左右，其他规模企业压榨量占 30%—40%，小作坊占 10%—20%，中小型压榨企业集中在山东省和河南省地区。另外，花生产业集中度相对较低，行业门槛不高，产品同质化竞争严重。

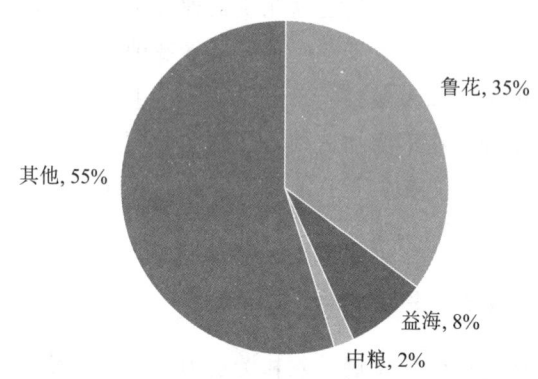

图 9-1 三大油厂花生榨油用量占比

花生下游除了流向油脂压榨厂外就是流向了数量众多的各种食品加工企业，制作成各类花生食品，如油炸花生、烤花生、花生酱、含花生糖果等。除此之外，每年农户自留种和自用也占到了相当的比例，华北 80% 农户习惯自留种，东北和华南 70%—80% 农户习惯购种，山东省有些地方农户近一半的花生留给自家使用。

自测题

一、不定项选择题

1. 在花生的物理压榨过程中，主要发生的是物理变化，如（　　）。

A. 物料变形 B. 油脂分离
C. 摩擦发热 D. 水分蒸发

2. 浸出法制油的优点是粕饼中含残油少、出油率高、加工成本低、经济效益高，而且粕（   ）。

A. 质量高 B. 干净卫生
C. 便于收集处理 D. 饲养效果好

3. 压榨工艺有（   ）三种，相应产生不同质量水平的油脂产品。

A. 一次压榨 B. 二次压榨
C. 预压榨后浸出 D. 三次压榨

4. 精炼通常是指"六脱"工艺，即（   ）和脱臭、脱蜡。

A. 脱水 B. 脱胶
C. 脱酸 D. 脱色

5. （   ）和韩国是世界花生的主要进口国，它们的进口关税都具有爬升特点，即加工程度越深，关税税率越高。

A. 欧盟 B. 加拿大
C. 日本 D. 印度

6. 由于受（   ）和栽培技术等影响，花生生产区域间发展极不平衡。

A. 气候条件 B. 土壤地力
C. 水利条件 D. 耕作制度

7. 我国目前主要的花生油脂加工企业包括山东鲁花、青岛长生、青岛嘉里、菏泽中粮、费县中粮等。其中，（   ）和中粮占全国花生压榨量的比重在50%左右，其他规模企业压榨量占30%—40%。

A. 鲁花 B. 长生
C. 益海 D. 嘉里

二、判断题

1. 浸出法是出油率最高的一种制取工艺，采用5号轻汽油化学萃取。　　　　　　　　　　　　　　　　　　　　　　　　（   ）

2. 一般来说，高含油油料采用预榨——浸出法，如菜籽油、山茶油等；低含油油料采用直接浸出法，如大豆等。（   ）

3. 花生按照使用途径可以分为食用的花生和榨油用的花生，两者的区别在于榨油用的花生油脂含量较低。（　　）

4. 中国自20世纪90年代中期以来逐渐增强了政府对花生生产和销售的干预。（　　）

5. 花生下游除了流向油脂压榨厂外就是流向了数量众多的各种轻工业企业。（　　）

6. 我国花生产业集中度相对较低，行业门槛不高，产品同质化竞争严重。（　　）

参考答案

一、不定项选择题

1. ABCD　2. AD　3. ABC　4. ABCD　5. ABC　6. ABCD　7. AC

二、判断题

1. ×　2. √　3. ×　4. ×　5. ×　6. √

后　记

本书是专为期货投资者编写的一本普及性读物,适合于花生产业链企业和普通投资者阅读。

本书注意实用性、趣味性,以通俗易懂的语言、鲜明生动的案例将理论知识简单化,避免了理论知识阐述过程中的呆板僵硬。对花生产业链企业而言,本书具有指导实务操作的作用,书中包含了大量套期保值、套利、风险管理的应用型案例,对企业应用花生期货有一定借鉴意义。对于普通投资者而言,本书通过一问一答的形式,由浅入深地剖析花生的基本面和技术面,有助于投资者快速了解花生及花生市场。

与证券、债券等金融工具相比,期货作为风险管理工具,专业性强,杠杆率高,风险大,这在客观上要求投资者具备一定的专业投资知识、经济实力以及风险承受能力。"期市有风险,入市需谨慎!"

本书由于篇幅限制,无法尽述相关实体企业及投资者在期货市场上可能面临的所有具体情况,不管是实体企业还是普通投资者,参与到期货市场中,都务必结合自身需求,制定科学合理的交易策略。企业参与套期保值要避免变成投机,普通投资者要严格评估自身能力,尽可能地熟悉并掌握交易品种的市场特点及操作技巧,并严格控制交易规模,避免遭受不必要的损失。

作为《期货投资者教育系列丛书》之一,本书由中国期货业协会组织编写,中原期货股份有限公司李娜、刘四奎、刘培洋、陈昱允、王伟、王朝瑞、彭博涵、邵亚男、李松政承担了本书的具体编写任务。郑州商品交易所对本书书稿进行了审阅并提出了宝贵建议。

本书在编写过程中还得到了中国证监会投资者保护局、期货部、郑州商品交易所和中原期货股份有限公司领导的指导和帮助,在此表示衷心的感谢!书中的错误之处,敬请批评指正。

中国期货业协会
《期货投资者教育系列丛书》编委会
2021 年 11 月